주식은 어떻게
움직이는가

How The Stock Market Works 7th edition by Michael Becket

© Michael Becket, 2002, 2004, Michael Becket and Yvette Essen, 2010,
Michael Becket, 2012, 2014, 2017, 2021'
All Rights Reserved.
Korean translation copyright © 2021 Thenan Contents Group Co., Ltd.
This translation of How The Stock Market Works 7th edition is published by
arrangement with Kogan Page through AMO Agency, Korea.

20년 연속 초보 투자자의 바이블

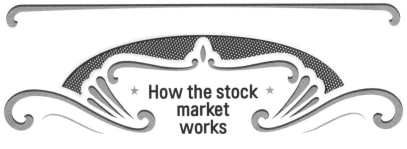

★ How the stock ★
market
works

주식은 어떻게
움직이는가

마이클 버켓 지음
김영주 옮김
김성환 감수

★ Michael becket ★

THE NAN
더 난 콘 텐 츠

추천사

초보자 입장에서, 그저 남의 추천을 받아 주식 하나를 구입하는 것은 무척 손쉽고 마음 '편한 일'이다. 그런데 진지하게 주식을 파고들기 위해 '제대로 마음먹고' 투자 공부를 시작하는 것은 정말 어렵다.

그 험난한 난관을 뚫고 주식 공부에 입문하게 된 여러분을 축하한다.

이 책은 꼭 사야 할 주식을 골라주는 것이 아니라, 꼭 알아야 할 지식들을 알려준다. 투자를 처음 시작하면서 이 책을 만났다면 가장 정확한 안내서를 찾은 것이다.

_ 〈박곰희TV〉

주식시장의 작동 원리를 이해하면, 주식투자의 시작이 좀 더 수월할 것이다. 이 책은 주식시장이 전반적으로 어떻게 작동하는지 가르쳐준다.

좋은 주식과 좋은 정보를 선별하는 방법 등을 배울 수 있고, 어려운 주식 세계의 개념들을 쉽게 짚어내면서 주식투자에 접근을 한층 도와준다.

모두가 전문가가 될 필요는 없다. 그러나 전문가의 분석을 이해할 정도의 공부는 필요하다.

'주식을 읽어주는' 마이클 버켓의 설명을 듣다 보면 투자에 필요한 많은 부분의 지혜를 얻을 것이다.

_ 〈재테크읽어주는 파일럿〉

주식투자에 필요한 지식과 지혜를 모두 담은 책이다. 지식은 기초 용어부터 차트분석법, 기업분석법, 거시경제분석법 등 주식투자라는 경기에 참여하기 위해 갖춰야 하는 최소한의 자격이다. 지혜는 경기에 수차례 참가하면서 쌓인 노련함이다. 결국 성공 투자는 지식이라는 밑바탕에 지혜가 더해져야 가능해진다.

초보 투자자들을 위한 기본서지만 20년에 걸쳐 7번이나 개정된 만큼, 책 곳곳에 노련한 투자의 지혜가 묻어나 있다.

금융의 본고장 영국에서 수십 년간 투자 바이블로 자리매김한 이 책은 글로벌 투자자뿐만 아니라, 국내 투자자들에게도 좋은 지침서가 될 것이다.

_ 〈달란트투자〉

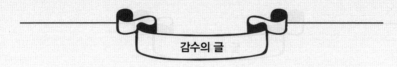
주식시장과 오랫동안 동행할 거라면

전례 없는 주가의 리셋이 발생했던 팬데믹 이후, 한국의 개인투자자에게 주식 투자는 하나의 현상으로 자리매김했다. 개인투자자는 18개월 만에 한국 증시에서 100조 원을 순매수했고, 나아가 미국 증시로도 진출하며 서학개미라는 신조어까지 만들어냈다. 긍정적인 점은 개인투자자들의 체력이 과거와 달리 한층 높아졌다는 점이다. 다수의 매체나 유튜브를 통해 거시경제나 시황, 산업과 기업의 업황 정보를 입수하기가 용이해졌고, 투자자들은 이를 적극적으로 받아들이고 경제나 시황 변화를 적극적으로 공부하고 있다.

미국 증시가 1980년대 이후 장기 강세장을 이어갈 수 있었던 중요한 원동력 중 하나는 401(k)와 뮤추얼 펀드를 통해 일반 개인투자자가 적극적으로 증시에 참여했기 때문이다. 개인의 시장 참여 확대로 많은 혁신 기업이 증시에서 자금을 조달할 수 있었고, 또 다른 많은 혁신적인 기업이 1990년대에 등장하는 데 도움을 줬다. 투자자들은 증시에서 번 돈으로 다시 소비를 할 수 있었고, 이는 기업이익 개선으로 이어지면서 선순환 구도가 완성됐다. 팬데믹 이후 한국 증시 역시 상승세를 이어가는 과정에서 개인투자자들의 적극적인 참여와 함께 플랫폼, 반도체, 그린 에너지를 위시한 다수의 신성장 산업이 부상했다. 장기적인 선순환 구도를 기대해볼 만한 이유다.

시장 수급의 저변이 넓어지면서 많은 투자자가 중장기적인 주식 비중 확대를 고민할 듯하다. 한 가지 유의할 것은, 멀리서 보면 증시는 우상향 기조를 이어갔지만 가까이서 보면 치열한 변동성을 지닌 현장이라는 것이다. 주식은 채권이나 예금보다 상대적으로 위험한 자산이기 때문에 변동성과 손실 확률이 크다. 반면에 사람은 누구나 이익을 얻고 싶어 하지 손실을 보고 싶어 하지 않는다. 주식시장 참여자는 장기적인 원대한 계획을 수립하기보다는 당장 현재의 포트폴리오에 예민해질 수밖에 없다. 따라서 투자자들이 가장 관심을 갖는 것은 '향후 어떤 산업과 종목이 주도산업으로 등극할까?', '적당한 매도와 매수 시점은 언제일까?', '현재 시황 측면에서 우리가 처한 기회와 위험이 무엇일까?' 같은 수익률 관련 부분일 것이다.

물론 기회와 위험 사이를 헤쳐나가는 데 있어서 이는 가장 중요하다. 그러나 주식시장과 오랫동안 동행할 계획이라면 경기와 시황, 업황에 대한 고민뿐만이 아니라 이 시장이 작동하는 규칙과 룰, 그리고 원리에 대해서도 이해할 필요가 있다. 시장의 몇몇 부분은 과학적인 원리로 작동한다. 그러나 몇몇 부분은 심리에 의거해 작동하고, 어떤 지점에서는 시장이 형성된 역사에 의존할 수밖에 없기도 하다. 팬데믹 이후를 살아가는 우리는 '특이점'에 살고 있는 듯하지만, 반복된 교훈과 누적된 경험치는 형태를 바꿔 증시에서 모습을 드러낸다. 한국보다 앞서 자본시장과 주식시장을 형성해왔던 영미권의 증시 기본 교본이 의미를 갖는 지점이다. 이 책이 투자자들에게 그런 의미 이상의 도움이 되길 기원한다.

김성환

주식투자에 너무 늦은 때는 없다

　돈을 벌고 싶다면 누구나 노력해야 한다. 일해서 월급을 받는 것도, 투자하는 것도 마찬가지다. 노력하지 않으면 당연히 돌아오는 것도 없다.

　주식시장의 변화무쌍한 등락의 파도를 견디기 위해서는 시장을 읽으려는 노력과 함께 가끔은 담대한 배짱이 필요하기도 하다. 그렇다고 해서 투자실력을 높이기 위해 어려운 수학 공부나 금융 기사, 인터넷 분석, 기업 보고서를 하루에 몇 시간씩 읽어야 한다는 뜻은 아니다. 물론 이 모든 노력이 조금씩은 필요하다. 하지만 우리에게 정말로 필요한 것은 주식시장의 필수 언어를 익히고 자료조사를 하고, '내가 진짜로 원하는 것이 무엇인가?', '얼마나 투자할 준비가 되었는가?'를 진지하게 고민하는 것이다. 그리고 투자자로서 최소한의 기초적인 공부를 해둬야 한다.

　잘 알겠지만, 돈을 버는 일은 쉬운 일이 아니다. 그동안 어렵게 번 돈을 불리고 싶다는 욕심에 한순간의 투자 실수로 날리는 일은 없도록 해야 한다. 그런 점에서 이 책이 조금이나마 도움이 되기를 바란다.

투자에 있어 공통적인 법칙이 몇 가지 있다. 그러나 제일 중요한 법칙은 간단하다.

'이익이 크면 위험도 크다(high risk high return).'

투자의 분야는 상당히 정교하고 효율적이다. 주변 모든 것에 가격표가 붙어 있다. 따라서 더 높은 수익을 원한다면 더 큰 위험을 감수해야 한다. 아주 명확하게 규정할 수는 없지만, 우리가 받아들일 수 있는 위험의 정도를 2장에서 설명하고 있다. 그러나 핵심은 하나다. '위험을 결정하라'는 것이다. 어떤 것이 괜찮아 보인다고 욕심으로 붙잡는 것이 아니라 확신을 갖고 선택해야 한다.

회의론적 태도가 필요하고, 정보를 판단할 도움을 받아야 한다. 바로 이 책이 제공하려는 것이다. 결국에는 상식적인지, 설득력 있는지, 가능성 있는지에 대해 스스로 자문하는 것만큼 좋은 보호장치도 없다.

예를 들면, 누군가 절대 실패하지 않는 돈벌이 방법을 제안한다고 가정해보자. '왜 혼자 안 하고 내게 제안하는 것일까?', '내가 보기에는 근거가 없는데, 왜 이 기업의 주식은 천정부지로 치솟고 있는 걸까?', '나는 모르겠는데, 시장은 무엇을 알고 있길래 이 기업 주식의 수익률은 높은 걸까?', '주가의 일반적인 움직임을 납득할 수 있는가?' 등의 주식시장과 경기에 대해 스스로 체감하는 정도를 체크해야 한다.

물론 주식만이 유일한 투자처는 아니다. 집도 사고, 생명보험도 들고, 연금도 들고, 혹시 생길 수 있는 비상상황에 대비해 은행이나 주택금융조합(building societies)에 돈을 넣어둘 수 있다. 그런데 이런 곳에서 주식시장에 진입할 수도 있고, 이에 따라 변동성과 위험성이 생길 수 있다.

주가는 움직이기 마련이고, 가끔 예측 불가능한 경제적 쇼크로 폭락이 발생한다. 최근 몇십 년 동안에도 여러 사례가 있었다. 닷컴 버블, 1995년과 2002년 사이의 폭락, 그리고 2008년 미국 리먼브라더스의 몰락으로 촉발된 사태, 2020년 코로나 팬데믹 등이 그 사례다.

그럼에도 불구하고 시장은 다시 회복하고 중기적 관점으로 보면 주식시장은 다른 투자처에 비해 수익률이 높은 경우가 많다. 하지만 이건 평균이고 장기적 관점이다. 우리는 투자한 기관에서 어떤 일을 하는지 알 필요가 있고, 그래서 이 책은 다양한 투자 상품에 대한 설명으로 시작한다. 주식을 비롯해 기업이 내놓는 상품, 채권, 국채, 파생상품 등이 존재하며 이는 1차적인 투자를 묶는 똑똑한 방식들을 보여준다. 각각 다른 성격, 혜택, 단점을 가지고 있는 상품들이다.

이와 관련된 지식을 알고 있으면 투자 결정에 도움이 된다. 또한 타이밍도 중요하다. 단기 트레이더 및 장기 투자자 모두에게 중요하며, 이는 9장에서 조언을 제공한다.

개인투자관리 및 재무자문협회(www.pimfa.co.uk) 전 부총재를 맡았던 존 바라스, 그리고 인터랙티브 인베스터(www.ii.co.uk)의 젬마 잭슨은 이 책을 정확하고 명확하며 유용하게 만들기 위한 폭넓은 가이드를 제공해줬다. 오류나 빠진 부분이 있더라도 이분들의 조언 탓은 아니다. 그리고 당연하지만, 시장을 이해하며 인내하고 나를 응원해주는 아내 케이에게 항상 감사하다.

6장 | 전문가 비법

7장 | 정보를 어디서 찾는가

8장 | 주식거래 시 필요한 것

9장 | 주식 거래 방법

10장 | 주식 거래 시기

11장 | 주주가 되면 생기는 일

12장 | 세금

· 1장 ·

주식의
의미와
존재 이유

**How the stock
market
works**

기업을 시작하려면 돈이 필요하다. 더 크게 성장하려면 더 많은 돈이 필요하다. 창업을 준비하는 기업가는 예금에서 돈을 끌어오거나 친구 및 가족에게서 도움을 받는다. 나머지 자금은 은행과 벤처캐피털에서 투자받는다. 이렇게 지원을 제공한 사람들은 지원 금액에 대한 영수증을 받는다. 이 영수증은 투자하는 사람들이 기업을 부분적으로 소유하고, 기업의 지분을 갖게 된다는 사실을 나타낸다. 은행은 명시된 금리 기준으로 단기 자금을 빌려주며, 이 돈은 나중에 갚아야 한다. 하지만 투자자는 다르다. 투자자는 소유자가 된다. 기업이 주식 10만 주를 발행한다면, 그중 1만 주를 보유한 사람은 기업의 10%를 소유한 셈이다.

즉, 해당 기업의 상무이사를 비롯한 이사진은 주주를 위한 직원들이다. 현장 노동자와 청소부처럼 그들 역시 직원이다. 주주가 되면 온갖 특권을 누리게 되는데 그중 하나가 이사회 및 감사 임명권이다(11장 참고). 성공한 기업의 주주는 위험을 감수하고 자기 돈을 거는 대가로 배당금을 받는다. 배당금 액수는 기업의 지급 역량에 따라 달라지기 때문에 결국 이익에 달려 있다.

사업을 하다 보면 기업이 창업 자금보다 더 많은 돈이 필요해지는 순간이 있다. 그리고 창업 자금을 투자한 투자자는 이익 실현을 위해서 투자금을 회수하려고 할 수 있다. 이때 사용할 수 있는 주요한 방법은 주식을 매각하는 것이다. 그러면 주식의 잠재 매수자를 찾아야 하는데,

결코 쉽지 않다. 가격 흥정도 해야 하는데, 이 역시 불편한 일이다. 그래서 거래를 위한 공공 시장(public market)이 생겼고 그 시장이 바로 증권거래소다. 증권거래소는 17세기 시작 무렵 네덜란드에서 발명됐다. 기업이 기업공개(IPO)를 통해 증권거래소에 상장되면, 투자자들은 쉽게 원하는 대로 투자할 수 있다.

상장 주식

증권거래소 상장 주식은 시장 가격이 계속 업데이트되고 널리 공개된다. 이 가격은 원래 투자자가 초기 사업에 투자할 당시와 비교하면 훨씬 높다. 그리고 상장 주식시장은 '유동성'이 높다. 유동성이 높은 시장에서는 잠재적 거래자 및 실제 거래자가 많아서 주식을 매수하려는 사람을 찾기 훨씬 수월하다. 그래서 기업에 돈을 투자하고 싶은 사람들이 쉽게 접근할 수 있다.

블루칩

모든 투자에는 위험이 따른다. 은행이 문제를 겪기도 하고, 기업이 파산하기도 한다. 아마 예상하겠지만, 투자처가 어디인지에 따라서 상황이 달라진다. 도박과 닮은 점이 있다. 하지만 큰 차이도 있다. 실제 도박에서 이기려면 카지노를 소유하거나 마권업자가 되는 수밖에 없다. 그러나 주식시장에서 완패할 가능성은 상대적으로 낮으며 주의해서 투자한다면 전망이 좋은 편이다.

1935년에 존 메이너드 케인스는 '공공의 이익을 위해서 카지노에 접근할 수 없게 만들어야 하고, 가격도 올려야 한다는 사실에 동의하는 것이 보통이다. 증권거래소도 마찬가지일 수 있다'고 적었다. 케인스는 거래소에서 어느 정도 돈을 벌었던 사람이다. 그럼에도 이런 비유를 기억하고, 비교적 위험이 있다는 사실을 인지하는 것이 좋다. '블루칩'이라는 용어를 통해 설명하겠다. 포커에서 사용하는 가장 높은 가치를 가진 칩은 보통 파란색이었다고 한다. 가장 높은 위치를 점한 주식에 비슷한 이름을 붙인 것이다. 그러므로 시장에서 블루칩이라고 하는 기업은 주식 시장에서 가장 크고 안전한 기업에 속한다.

영국 대표 주가 지수인 FTSE 100 내에 속한 기업은 주식시장에서 가장 가치가 높은 100대 기업이다. 우리는 해당 기업들을 블루칩 기업으로 정의하고, 주변에서 가장 안전하게 돈을 걸 수 있는 기업으로 인식한다. 미국의 S&P 500과 다우존스 지수에 포함된 기업도 마찬가지다. 이렇게 보는 이론이 불합리한 것은 아니다. 왜냐하면 기업이 크면 상대적으로 더 안정적이다. 최고의 관리자를 고용하고, 연구 예산을 많이 책정할 수 있기 때문이다. 경쟁할 때 사용할 재정적인 여력이 있는 셈이다. 크기만으로도 고객을 유치하게 된다. 또한 보통 많은 주식자본을 발행하면 소액 투자자가 많은 유동적 증권시장을 조성하게 된다. 그러면 가격도 일관적으로 유지된다. 그렇지만 실제로는 규모가 작은 기업이나 대체투자시장도 주식거래가 빠르게 이루어진다면 유동시장처럼 작용할 수 있다.

당연히 주식가격의 등락이 적어야 하며 안정적이어야 한다(하지만 그러면 주식거래로 얻는 단기 수익은 줄어든다). 조금 더 위험한 투자에 비해서 수익률은 낮아질 가능성이 높다. 본래 블루칩 주식은 '과부와 고아를 위한 투자'로 알려져 있다.

그러나 항상 상황이 같지는 않다. 대학생 두 명이 영리하게 아이디어를 고안해서 창업한 1년 된 기업보다는 블루칩이 안전할 것이다. 하지만 그 어떤 기업도 완전히 안전하다고 할 수 없다. 가장 탄탄한 기업도 주의할 필요가 있다. 지난 40년간 가장 큰 규모를 자랑했던 기업 목록을 찾아보고, 그중 지금까지 살아남은 기업이 얼마나 있는지 보면 알 수 있다. 브리티시 레일랜드, 롤스로이스, 그리고 폴리 펙을 비롯한 여러 기업이 이 목록에 포함되었던 시절도 있었다. 하지만 전부 파산했다. 그중 롤스로이스는 정부의 도움을 받아 항공기 엔진 제조사로 재도약한다. 2008년에 거대 은행들은 무책임한 대출로 전 세계적 낭패를 보았다. 이때 무너지지 않은 기업도 신뢰를 잃고, 경영진의 역량이 부족하고, 존재감이 줄어들 수 있다는 사실을 알 수 있다. 예를 들면, 영국의 제너럴 일렉트릭은 점차 규모가 작아져 결국 작은 비상장기업 텔렌트(Telent)로 남았다. 또 다른 예를 들면, ICI는 영국에서 최고의 위치를 가진 최대 기업 중 하나였지만 쪼개져 매각되었고 결국 자취를 감추었다.

모든 사람이 안전한 블루칩 주식을 선호하지는 않는다. 가격이 꽤 높기 때문에 투자에 성공하기 어려워진다. 게다가 보통 다국적 기업이라 환율 등락에 영향을 받는다.

　시장가치상 바로 그 아래 있는 FTSE 250 기업들은 런던에 상장돼 있으며 영국 경제를 포괄적으로 보여준다. 이 기업들은 우리 생활에서 비교적 가까운 존재라 이해하기 더욱 쉽다.

　마지막으로, 새롭게 등장한 작은 기업은 위험성을 안고 있다. 하지만 파산하지 않는다면 이 기업들이 더 빠르게 성장하고 많은 수익을 안겨줄 가능성이 있다. 마이크로소프트, 테스코, 토요타, 애플, 지멘스도 원래는 무척 작은 기업이었다는 사실을 기억해야 한다.

　그러므로 모든 소기업이 위험한 것은 아니다. 모든 대기업이 안전하지는 않은 것처럼 말이다. '딥 블루' 기업으로 인식되는 다국적 인기 기업도 마찬가지다. 주요 미국 항공사, 보험회사, 자동차 제조사가 어떻게 되었는지 생각해보면 알 수 있다.

　그래서 등장한 것이 '인덱스 펀드(주가지수를 기초자산으로 하는 ETF로 영국에서는 트래커 펀드라고 한다._옮긴이)'다. 인덱스 펀드는 추적하고자 하는 대부분의 주식을 매수하고, 전체적인 그림을 보려고 한다. 인덱스 펀드를 사용하면 악재가 발생할 가능성을 줄이고, 큰 자본 성장 가능성을 완화시키고, 배당금의 일관적인 흐름을 유지할 수 있다.

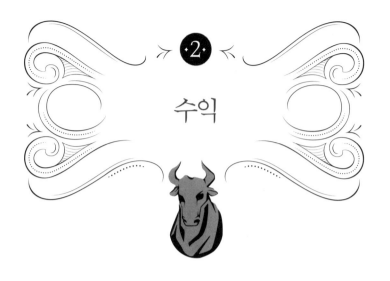

수익

주주는 기업이 잘 풀리면 두 가지 혜택을 받는다. 기업 이익에 비례해 배당금을 받고, 주식의 가치도 상승하기 때문에 이후 주식을 매도하면 자본 가치가 증가한다. 장기적으로 보면, 주식 수익은 인플레이션이나 임금 인상 폭보다 훨씬 높고, 대부분 저축 방식보다 두드러지게 높다. 2021년 연구에 따르면, 지난 한 세기간 연속 5년 기간마다 살펴볼 경우 주식이 채권이나 예금보다 우세한 경우가 약 4분의 3이라고 한다. 1899년 이래 런던 증권거래소의 주식이 현금 예금보다 5년 동안 수익이 더 높았던 경우가 76%에 달한다. 채권이나 국채보다 주식이 우월한 경우도 72%나 된다. 이때 투자기간을 10년으로 늘리면 주식이 채권과 예금보다 나을 확률이 77%, 그리고 91%로 올라간다. 여기서 말하는 기간은 두 번의 세계대전, 대공황, 그리고 최근 수십 년 동안의 대형 경기침

체를 포함하는 기간이다.

기업이 이익을 내지 못하면 주주는 아무것도 받지 못하는 경우가 보통이다. 일부 기업은 주주의 만족도와 충성도를 위해 손실을 보더라도 비축해둔 자금으로 배당금을 지급한다. 어쨌든 주주는 기업이 파산할 경우, 돈을 받을 사람들 중에서 맨 마지막 순서에 해당한다. 반면 기업이 파트너십을 맺지 않고 법인을 설립하는 이유 중 하나는 소유주인 주주가 주식을 살 때 지불한 금액보다 손실을 보지 않도록 하기 위해서다. 파트너십은 그와 정반대로, 파트너는 무제한 개인 책임을 갖는다. 기업의 부채를 끝까지 감당할 책임을 갖는 것이다. 그래서 기업이 심각한 손실을 보고, 천문학적인 금액의 부채가 쌓이더라도 채권자는 주주에게 돈을 갚으라고 요구할 수 없다.

증권시장

초보자에게 투자 용어는 혼란스럽게 느껴질 수 있다. 예를 들면, 주식을 거래하는 곳은 증권거래소지, 주식거래소라고 하지 않는다. 왜 굳이 '증권거래소(stock exchange)'라고 하는지 아는 사람은 없다. 이론에 따르면, 시티 내부의 수산물과 고기를 파는 시장에서 거래하는 상인들이 잘라낸 조각을 '스톡(stock)'이라고 불렀다고 한다. 또 다른 이론에 따르면 그 자리에 위치한 사람을 처벌하는 형틀의 부품을 스톡이라고 불렀다고 한다. 중세 시대에 세금을 내면 영수증을 받았는데, 이 영수증이 눈금 막대기 형태였다는 설도 있다. 이것을 절반으로 나누어 납세자는 스톡이라고 부르는 부분을, 징수하는 쪽은 포일 혹은 카운터스톡이라는 부분을 챙겼다고 한다. 투자자의 돈으로 기업 주식을 샀다는 주장도 있다.

엄밀히 따지면 주식은 채권과도 같다. 채권은 고정 금리를 지급하지만, 주식은 기업의 재무 상황에 따라 배당금도 변한다는 점에서 차이가 있다. 그런데 증권(stock)과 주식(share)을 같은 뜻으로 편하게 사용하는 경우도 있다. 더 혼란스러운 사실은 미국에서는 보통주(ordinary share)를 커먼 스톡(common stock)이라고도 부른다.

· 2장 ·

주식
고르는
법

How the stock
market
works

돈과 관련된 선택은 무엇 하나 쉬운 게 없다. 저축이든 투자든 항상 신중하게 결정하자. 우선 안전성을 점검하고, 잉여자금에 대한 접근성과 활용성을 살피자. 평소 생활비는 물론이고 예측할 수 있는 큰 지출도 고려해야 한다.

예를 들면, 휴가비용이나 집을 새롭게 꾸미는 비용, 차량 교체비용, 자녀 교육비 등이 있다. 그리고 노후자금, 생명보험, 연금, 악재에 대비할 비상금도 필요하다. 이렇게 필요한 것을 다 준비하고 나면 이제는 조금 위험하더라도 수익이 큰 투자를 고민하게 된다. 바로 주식이다. 단기간의 투기가 아니라면, 노후의 소득을 늘려줄 훌륭한 방책이 될 수 있다.

명심할 점이 있다. 주식시장에 투자하려면 여유 자금으로 해야 한다. 주식의 가치가 떨어지면 실망스럽고 불편하겠지만, 경제적으로 심각한 어려움을 겪지는 말아야 하기 때문이다. 주식은 불확실성을 견딜 수 있는 사람을 위한 투자다. 주가 걱정에 눈뜨고 밤을 지새우는 사람은 하지 말아야 한다. 투자한 회사가 어려워지거나 파산할지도 모른다고 걱정하다가 궤양을 앓을 만한 사람도 안 된다. 어쩌면 증권시장 투자를 가볍게 즐기는 경마나 룰렛처럼 생각할 수 있고, 뜻대로 안 풀려도 어느 정도 털어버릴 수 있는 사람이라면 이 투자가 적합할 수 있다.

이 비유가 모두 들어맞는 건 아니다. 경마장에서 돈을 걸었는데 지면 내가 건 돈은 없어진다. 그런데 대부분의 경우, 주식에 투자한 돈은 완전히 사라지지는 않는다. 대부분 기업은 살아남고 배당금을 지급해서 투자 수익을 주기 때문이다. 어쨌든 꼭 주식을 팔아야 하는 상황이 아니라면 주가가 떨어져도 개념상 손실을 입을 뿐이지, 배당금은 계속 나온다. 게다가 도박에 비해서 변수는 훨씬 적고, 다른 투자에 비해서 수익도 괜찮다. 주의 깊게 조사하고, 점검하고, 평가한다면 주식투자의 리스크를 줄일 수 있다. 만약 위험이 높아져서 경고가 울린다고 하더라도 반드시 주식시장을 떠야 하는 건 아니다. 여전히 장기적으로 이득을 볼 수 있는 전략은 있다. 펀드나 ETF 같은 '공동투자' 방법으로 투자 리스크를 낮출 수 있기 때문이다(3장 참고). 주식에 투자하면서도 리스크는 분산시켜 큰 손실의 위험을 줄이는 방법이다.

그렇다고 해서 이렇게 모든 결정이 끝나지 않는다. 이제 시작이다. 주식투자에는 수천 가지의 길이 있다. 올바른 투자의 길을 선택하려면 여러 시험과 결정을 거쳐야 한다. 위험과 보상을 계산하고 어떤 접근 태도를 취할지 결정해야 한다. 주식 전문가나 타인이 선택지를 알려줘도 투자 결정을 대신해줄 수는 없다. 사람에 따라서 1,450만 대 1의 가능성에 투자할 사람도 있다. 어불성설이라고 여길지도 모르지만, 일확천금을 얻을 가능성에 투자한다는 명목으로 매주 복권 구입 비용을 잃는 사람들이 있다.

여기에 투자 결정을 위한 기준을 몇 가지 소개한다. 수천 가지의 투자 방식을 점검할 때, 분명하고 명백하게 목표를 세우는 방법이 있다. 주식으로 돈을 버는 것이 목표라면 가만히 있지 마라. 투자 결정 과정에서 다음 요소가 포함되는지 점검하자.

• 수용 가능한 리스크를 정하라

국채나 주택금융조합 예치금처럼 안전하게 현금을 보관하는 것과 비교했을 때, 주식 수익이 리스크에 대해 충분히 보상을 하는가? 리스크를 얼마나 수용할 수 있는가? 주식 투자와 투자하는 주식 종류에 대해 얼마나 수용할 수 있는가? 리스크 및 추가 보상은 불확실하고 시간, 선택, 투자 범위에 따라 다르다. 예를 들면, 신생 소기업이 실패 위험은 더 높지만 주식 가격이나 배당금의 성장률은 더 높을 가능성이 크다. 일부 기업은 계절을 타고, 경기 변동에 더 민감하게 반응한다. 해외주식에는 환율 리스크가 있다. 또한 은행 예금, 국채, 부동산, 예술작품 투자 등의 대안과 비교해야 한다.

• 투자의 기간을 설정하라

단기, 중기, 장기투자가 될지 정하라. 장기투자라면 주가 변동성에 크게 신경 쓰지 않아도 괜찮을 것이고, 단기투자라면 보다 안정적인 기업을 골라야 한다.

• 투자의 목적을 정하라

소득 창출이 목적인지, 자본 성장이 목적인지 선택하라. 전자라면 배당수익률이 높은 기업을 골라야 한다(배당금과 투자금액의 비율). 후자라면 배당수익률은 낮더라도 기업 성장성이 높아야 한다.

• 부수적인 결정을 하라

윤리적 사안을 고려하고, 선호하는 분야를 골라야 한다. 어떤 사람들은 담배회사 및 무기 제조사를 꺼린다. 피임, 독재자 거래, 알코올, ESG 성과 부진, 노사관계 문제 등을 꺼리기도 한다(윤리적 투자에 대한 섹션 참고).

이 과정으로 분야를 좁힐 수 있을 것이다.

주식의 또 다른 이름인 주식 투자 수익률은(그림 2.1 참고) 보통 국채에 비해 몇 퍼센트 포인트 정도 높다(4장 참고). 예금 계좌에 비해 몇 포인트 높은 것이다. 하지만 미래 수익은 추정할 수밖에 없다. 역사적으로 보면 주식의 절대적 수익률과 상대적 수익률은 변한다.

이것도 끝이 아니다. 왜냐하면 한 가지 전략으로 모든 투자를 해야만 하는 것은 아니다. 즉, 초기 전략이 아무리 강력하더라도 투자의 규모와 범위가 성장하면서 효과가 달라질 수 있다. 증권시장에 처음 진입할 때는 장기적인 소득을 위해 낮은 리스크를 택할 수 있다. 하지만 포트폴리오가 늘면 안전한 기반을 닦아 놓았으니 더 높은 수익을 위해서 리스크가 있는 투자를 하려는 경우도 있다. 그리고 사람들은 경험을 쌓고 지식을 축적하면서 보다 적극적인 거래를 통해 특정 기업 및 분야의 단기 등락을 통한 이득을 보려고 한다.

| 그림 2. 1 | 장기 주식투자 수익

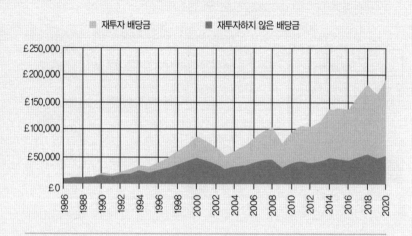

주식은 어떻게 움직이는가

전략

리스크가 없는 투자는 존재하지 않는다. 리스크가 없는 삶도 없다. 투자는 경기 순환, 기업의 위험, 환율 움직임, 인플레이션, 시장의 흔들림, 업종 및 산업 리스크 등에 영향을 받는다. 회사 경영진이 떠나는 경우도 있고, 산업 자체가 외부요인으로 타격을 입을 수도 있으며, 새로운 경쟁이 시작될 수도 있다. 채권이나 은행 예금 같은 안전자산은 가치가 사라질 가능성이 낮기에 안전하다. 하지만 가치가 줄어들 리스크는 있다. 돈의 가치가 떨어지고, 인플레이션으로 인해 구매력이 낮아진다면 안전자산의 수익이나 상환 금액의 가치는 투자한 금액보다 떨어진다. 수익을 얻으려면 리스크를 어느 정도 수용해야 한다. 수익이 높을수록 리스크도 높은 경우가 보통이다.

투자하기 제일 유리한 시점까지 기다리는 전략은 오히려 수익을 줄이는 결과를 가져오기도 한다. 투자를 빨리 시작하면 투자기간이 길어져서 복리 효과로 더 많은 이자가 쌓인다. 시간도 이익을 낼 기회를 높여주는 것이다. 머뭇거리면 소득은 적어진다.

계란을 넣을 여러 바구니를 찾아야 한다. 한 가지의 주식이 투자자의 취향을 전부 반영할 수는 없다. 다양한 투자의 타깃을 설정하라. 처음에는 투자신탁(한국의 경우 자산운용사가 운용하는 펀드나, 증권사가 운용하는 신탁 상품이 이에 해당한다._옮긴이)이 도움이 될 수 있는데, 투자자가 모여서 주주의 돈을 다수의 기업에 투자하기 때문이다. 그렇지만 이것도 잘 아는 분야에 치중하기 마련이다. 그래서 시작은 그렇게 하더라도, 여러 신탁에 투자를 분산해야 한다. 최근 성과만 보지 말고, 전문 분야를 살펴가며 조심해서 골라야 한다. 주식도 마찬가지로 리스크를 줄인다. 기업 종류, 사업 영역, 그리고 다양한 지역에 걸쳐 현명하게 분산시켜야 한다. 투자 스펙트럼이 넓을수록 결과가 좋을 가능성이 높다. 업종에는 기술, 식품, 리테일, 의류, 제약, 그 외 분야가 여럿 존재한다. 변동성을 가진 개발도상국 시장이 꺼려진다면 영국, 독일, 미국, 한국, 일본, 스위스, 대만, 프랑스, 네덜란드, 스웨덴 등의 시장이 있다. 보통 처음에는 현명하게 저위험 저수익 주식에 집중한다. 하지만 포트폴리오가 늘어나면서 리스크 스펙트럼도 분산하는 것이 맞다. 포트폴리오에 한 가지씩 추가할 때마다 리스크의 균형 이동을 고려한다.

세상에 공짜 점심은 없고, 모든 것에는 가격표가 붙어 있다. 합리적인 투자를 위해서 공부해야 한다. 시간이 걸리고, 고민해야 하며, 여러 가지 정보가 필요하다. TV를 보거나 신문의 금융·증권 관련 기사를 읽는 것만으로는 부족하다. 기자라고 우리보다 더 완벽한 사람은 아니다. 적극적인 투자자들은 전문가의 조언을 얻으려고 유료채널에 가입하는 경우도 있다. 투자할 자금이라고 해서 결코 쉽게 번 돈이 아니기 때문에 공부하고 노력할 가치가 있다. 내 돈이고, 내 미래이기 때문에 더욱 노력할 가치가 있다. 그 '어떤 투자도 영원히 정답은 아니다'라는 사실을 기억하자.

작게나마 우리는 비용을 절감할 수 있다. 돈을 번 당사자만큼 돈을 소중히 하는 사람은 없다. 그래서 비싼 수수료를 내고 자문을 받고 결정을 남에게 맡기는 것은 사실 투자자 자신의 이익을 줄어들게 만든다. 일단 해보면 사실 어렵지 않다. 연구에 따르면, 전문가가 직접 투자하는 사람보다 대단히 뛰어나지는 않다고 한다.

세금을 줄이기 위해 투자할 필요도 없다. 하지만 가끔은 정부에서 주는 공제 혜택을 활용해야 한다. 정책에 따라 다르지만 ISA, 연금, 벤처캐피탈 펀드에 돈을 넣는 정도라면 충분하다.

다 마찬가지겠지만, 투자는 여기저기서 영향을 받는다. 게다가 일부 업종은 통제할 수 없는 환경에 보다 취약하다. 모든 사람이 '이게 미래다'라고 주장할 때도, 모든 사람이 '이제 망할 회사다'라고 주장할 때도 최선을 다해 무시해야 한다. 옛말을 빌리자면, 무리를 따라가다 보니 어느새 도착한 곳이 도살장일 수도 있다.

타인의 히스테리나 변덕으로 이득을 보려면 반대 방향으로 투자할 수 있다. 신뢰는 낮고 시장은 휘청거리는 상황에서 찾게 되는 좋은 상품도 있다.

옛날부터 내려오는 교훈을 강조하고 싶다. 진짜라고 하기에 너무 좋아 보인다면, 그 감이 대부분 맞다. 평균보다 훨씬 높은 수익을 준다고 약속한다면 리스크도 높을 것이다. 현명한 판단이 정말 중요하고, 회의적인 태도와 함께 상식을 따라야 한다. 최근의 소식 때문에 사업이 성공할지 의심이 생겼고, 그 때문에 주가가 내렸는가? 제품이나 경영진이 미심쩍은가? 아니면, 알려지지 않은 가능성이 있는 기업인가? 당장 업황이 어려운 산업에서도 전망이 좋은 경우가 제법 있다.

얼마나 리스크를 수용할 수 있는지 기준을 세우자. 증권시장에 진입할 때도, 투자를 선택할 때도 마찬가지다. 단기, 중기, 혹은 장기 투자인지 결정하라. 오래 수익을 내서 소득을 얻고자 한다면, 배당금이 들어오는 이상 주가 등락에는 크게 신경 쓰지 않는다. 자본성장 혹은 소득 중에서 무엇이 중요한지 고르자. 그 다음에 윤리정책, 제품, ESG 성과, 노조 관계 등을 살펴보게 된다.

보증서의 가치는 보증하는 사람이 결정한다. 자본성장을 위해 투자하려면 주의를 기울이고 집중적으로 거래해야 한다. 수익을 위한 투자는 장기투자다. 변동성이 더 높고 위험한 거래도 있으며, 직감적으로 취약해 보이는 투자도 있다. 이런 투자는 유행이나 계절, 경기 순환에 따라 급격하게 변할 수 있다.

다른 좋은 지표는 기업에 대한 다른 사람들의 반응이다. 이때 사용할 세 가지 좋은 지표가 있다. 베타, P/E 비율, 그리고 배당수익률이다. 마지막 두 가지는 신문에서 주가를 싣는 페이지를 보면 찾을 수 있고, 관련 설명과 용도는 6장을 참고하라. P/E는 낮지만 배당수익률은 높은 주식도 있는데, 의심할 상황은 아니고 유행에 맞지 않아서 그렇다. 여기서 완벽한 시장은 존재하지 않고, 영리한 투자자라면 전문가보다 우위를 가질 수 있다. 오랫동안 시장가치가 낮은 기업을 피하는 이유는 두 가지 있다. 주요 투자 펀드가 여기에 대한 큰 자금을 투자할 계획을 마련하지 않고, 결국 이 기업의 주식은 작은 비율만 소유하게 된다. 그리고 애널리스트 중에 수많은 주식을 전부 분석하는 사람은 거의 없고, 이들이 분석하지 않으니 주가가 많이 저렴할 수밖에 없다. 그래서 이런 종류의 기업을 잘 분석해 투자한다면 소규모 투자자도 상대적으로 높은 수익을 올릴 수 있다.

리테일, 컴퓨터, 보험을 비롯한 특정 분야에 속한 두 곳의 주요 기업이 있다고 생각해보자. 두 기업이 보고하는 이익이 낮고, 마진이 적고, 전망은 좋지 않다면 비슷한 기업 모두를 평가절하하게 된다. 대부분 기업이 비슷한 영향을 받기 때문에 어느 정도 이해할 수 있다. 하지만 좋은 평가를 받지 못하는 분야에 속한 기업이라도 운이 좋게 경영진이 훌륭하거나 제품이 좋으면 은행에 현금을 보유하고 대부분 경쟁자보다 높은 이익 마진을 볼 수도 있다(숫자가 믿을 만하고, 윈도드레싱이 아니어야 한다). 시장이 사업 전체를 다시 평가한다면 상대적으로 저렴하게 좋은 배당소득이나 자본성장을 찾을 수 있을 것이다. 다른 말로 설명하면, 높은 리스크를 시사하는 시그널은 실수 혹은 오류였던 것이다.

하지만 운에 크게 의존하거나 시장보다 자기 자신이 보는 눈을 더 믿는 투자자는 무모하다고 할 수 있다. 보통 시장이 맞게 보는 경우가 대부분이고, 숫자는 문제적 상황에 대한 좋은 지표를 제공해기 때문이다. 쓰레기에서 금을 찾는 일이 전혀 불가능하지는 않지만 그 가능성에만 의존할 수는 없다.

인생사가 다 그렇지만 투자에 무임승차는 없다. 항상 대가가 존재한다. 리스크가 높다면 리스크를 상쇄할 수익이 높을 것이다. BCCI 은행 사태나 런던 로이즈 사건에 휘말린 피해자들, 또는 나이지리아 사기나 프라임 뱅크 사기에 속은 사람들이 망각하는 법칙이 있다. '수익이 예상보다 높다면 더 위험하다'는 것이다. 이익을 거저 먹으려는 사람은 어린 아이이거나 욕심이 과한 탐욕가다.

시장에는 리스크가 있다. 투자자는 재무적 조치를 통해서 리스크 확대를 제한하는 헤징(hedging)을 할 수도 있다. 기업은 다른 국가와 거래할 때 미리 통화를 매입하는 등의 방법을 통해 환율 영향을 피할 수 있다. 투자자는 옵션으로 주식 손실을 줄일 수 있다.

쉽게 말해 이 방식은 수동적 접근법이다. 시장의 관점을 받아들이고 최선을 다해서 개인 기준에 맞추는 것이다. 리스크의 수준이 1에서 10까지 존재한다면, 조심스럽게 용기를 내서 6을 선택한다고 가정해보자. 이때 모든 주식이 6이어야 하는 건 아니다. 아주 안전한 2, 그리고 가끔씩은 무모한 8이나 9를 포트폴리오에 같이 담을 수 있다.

매수의 기회가 올 때마다 전체 포트폴리오에 어떻게 들어갈지 고민하고, 평균적인 리스크를 어떻게 바꿀지 고민하자. 주식을 오래 보유할수록 그렇다. 왜냐하면 가격이 움직일수록 여러 기업은 포트폴리오의 비중을 바꾼다. 그러면 전체 리스크의 균형에 대해서도 다른 영향을 준다.

주식을 고르는 길고 정교한 과정이 너무 어렵게 느껴지는가? 리스크/보상 시스템이 부담스럽고 내게 너무 많은 노력을 요구한다고 생각하는가? 나만 그렇게 느끼는 것이 아니다. 영국 및 미국의 최상위권 투자자들도 계속해서 투자에 성공할 가능성은 아주 낮다고 인정했다. 노력해도 보상이 주어지지 않을지도 모른다. FTSE 100 지수를 살펴보면 알수 있지만, 적당한 시점을 기준으로 보면 시장은 감사하게도 전반적으로 잘 흘러가고 있다. 인덱스 펀드로 증권시장을 따라가는 것이 답일지도 모른다. 민간 투자자는 여기서 한 가지 방법을 선택하거나, 더 도전적인 투자신탁 혹은 유닛 트러스트로 포괄적이면서도 선택적인 투자를할 수 있다.

경기방어주(defensive stock)

일부 기업은 변동성이 높거나 위험한 시기에 투자하기 좋다. 상대적으로 경기 순환에 영향을 받지 않는 기업들이다. 담배회사가 여기에 속하는데, 그 이유는 비교적 일관적인 시장이기 때문이다. 식료품을 구매하는 슈퍼마켓도 여기 들어간다. 생활에 필수적인 인프라를 제공하는 유틸리티 기업의 주식도 불황일 때 수요가 있는 편이다. 경기가 좋지 않아도 물, 전기, 가스는 여전히 필요하기 때문이다.

신흥 시장(emerging market)

신흥 시장이란 주로 산업화되고 있으며, 부유해지고 상장기업이 많아지는 국가의 증권거래소다. BRIC 국가인 브라질, 러시아, 인도, 중국도 규모가 있지만 여기에 포함될 수 있다. 차세대 그룹인 멕시코, 인도네시아, 한국, 터키도 포함된다. 일각에서는 폴란드, 헝가리, 체코를 비롯한 동유럽 국가도 여기 포함시킨다. 이런 시장에는 변동성이 존재할 수 있다. 엄청나게 훌륭한 실적이 나타날 수도 있지만 엄청 하락할 수도 있다. 감독이 어렵거나 회계처리가 엄격하지 않을 수도 있고 투명성이 낮을 수 있다는 것도 이 시장의 잠재적 위험이다.

장기투자 또는
단기투자

"장기적으로 우리는 모두 죽는다."

단기적 성과를 중시했던 케인스의 말이다. 그러나 신문, 잡지, 책에서 지적하듯이 주식투자가 다른 투자에 비해서 장기적 투자 수익이 높다. 부동산, 골동품, 예적금, 고급 와인, 주택금융조합 저축보다 투자 수익이 낫다. 미국 시장이 1929년 9월에서 1932년 7월 사이 87% 하락했고, 영국 지수는 1974년 55% 떨어졌다. 1987년 10월 허리케인 이후, 그리고 2007년에 큰 하락폭이 있었고, 90년대 동아시아 위기와 2020년 코로나 팬데믹으로 인한 단기적 하락이 있었지만 그래도 마찬가지다.

예금은 정부 채권보다도 낮은 5% 미만의 수익을 냈을 것이다. 제2차 세계대전 이후만 봤을 때 보통주는 전체적으로 7% 이상 물가 상승률을 넘었다(배당수익과 가치상승을 모두 고려함).

평균적으로 보면 주식은 여유자금을 장기적으로 투자하기에 좋다. 다만, 평균은 항상 주의해서 생각해야 한다. 주식 수익은 거의 항상 국채보다 낫고, 장기적으로는 분명 나을 것이다. 높은 리스크에 대한 보상이다. 지수와 연계된 국채는 수익이 보장돼 있지만, 기업들은 경제적 상황에 따라 쉽게 영향을 받는다. 따라서 보통주는 수익이 높고, 이 현상을 '보통주-리스크 프리미엄(equity-risk premium)'이라고 한다. 현금이 필요해서 급하게 주식을 매도할 필요가 없다면, 장기적으로 주식의 최고점을 볼 수 있다. 하지만 때때로 똑똑한 투자자들도 주식투자의 리스크를 잊는 경우가 있다. 명심하자! 주가는 올라갈 수도 있고 내려갈 수도 있다.

투자의 목표를 '단기적인 소득 증대'와 소유한 '자본성장(부의 증대)' 사이에서 결정하는 것은 쉽지 않다.

이분법적 논리를 취할 수는 없는데, 배당금을 많이 지급하는 기업은 주식 가격도 올라가는 경우가 다반사이기 때문이다. 하지만 늘 그렇지는 않다. 신문에서 증권시황을 살짝만 봐도 수익률이 크게 다른 것을 볼 수 있다. 자본의 가치상승을 노린다면 주식을 매도할 때 이익을 확실히 해야 할 것이다. 소득을 위한 주식은 적당한 현금 흐름을 만들어내는 한 계속 보유한다.

경험이 있는 투자자, 전문가, 그리고 시간과 노력을 들일 준비가 된 사람들이 거래를 한다. 짧은 시간 동안 시장 등락을 활용하기 위해 주식시장에 들어갔다 빠졌다를 반복하기도 한다. 식품업계에서 인수합병이 이뤄질 것 같다면 기업 가치가 오르기 전에 들어갈 수 있다. 컴퓨터,

인터넷, 바이오테크 등의 기술주가 유행할 것 같다면 미리 시장에 진입해서 주식이 비현실적인 고점을 찍을 때까지 여유 있게 기다릴 수 있다. 그러려면 매의 눈으로 시장을 지켜보고 매도 시그널을 알아채서 이익을 보고 시장을 나가야 한다. 이익을 많이 본 만큼 수수료와 세금도 많이 내야 한다는 점도 잊지 말자.

내가 이익을 크게 볼 때 다른 사람은 기회를 놓친다. 꼭 손해를 본다는 것은 아니고, 실질적 혜택을 놓친다는 뜻이다. 나는 항상 승리하거나 성공만 할 것이라고 자신할 근거가 있는가? 뛰어난 사람은 분명 있지만 많지는 않다. 반복해서 설명하지만, 항상 승리하는 사람은 없다.

조금 더 극단적으로 가자면 '단타매매(day-trading)'가 최근 떠오르고 있다. 24시간 이내로 매수하고 매도하는 행위를 뜻한다. 이제는 인터넷으로 쉽게 가능해졌다. 유행이 시작된 미국에서는 단타를 하는 사람 중 5% 미만이 실제 돈을 번다.

윤리적 투자

최근 기업의 사회적 책임에 대한 요구가 커지고 있다. 예전의 기관투자자들은 실적과 상관이 없다면 이사진의 터무니없이 많은 연봉이나 경영진의 엄청난 보너스는 신경 쓰지 않았다. 그러나 이제는 언론이 질타하고 주주들이 이의를 제기하고 국회의원들까지 의문을 가지면서 이런 관행은 사라지고 있다. 경영진의 탐욕, 지속가능성, 온실가스, 오염 정책에 대한 대중의 태도가 더 강경해졌다. 바람직한 윤리 정책을 가진 기업이 성공할 가능성이 더 높아졌다. 윤리 정책은 양심적으로도 그렇고 실제 이익을 내는 데에도 유리하다.

기준을 정하는 것은 개인의 선택이다. 투자자 중에서 담배, 무기, 석유회사, 종이 및 목재(삼림 파괴), 채굴, 제약(동물실험), 알코올 등을 취급하는 회사는 꺼리는 사람들이 있다. 오염, 오존층 파괴, 폐기물 관리, 인력 정책 때문에 보이콧 대상이 되는 기업도 있다. 하지만 주관을 갖지 않으면 투자가 혼란스러울 수 있다. 도박을 반대한다면, 사실 복권도 투자 제외 대상이다. 복권을 판매하는 모든 상점과 슈퍼마켓을 피해야 할지도 모른다. 국가와 정부가 무기 제조사를 지원하고, 군사를 양성하고, 동물 실험 연구센터에 자금을 제공한다고 생각해보자. 과연 정부 국채는 사도 괜찮을까?

요점은, 투자하는 당사자가 밤에 편히 눈 감고 잘 수 있도록 투자해야 한다. 단순히 내 돈이 안전할까 걱정하는 것이 전부가 아니다. 노동자를 억압하거나 살인 방조하는 기업을 내가 지원하는 것은 아닐까? 이런 걱정을 할 필요가 없어야 한다. 한편 이런 기업의 성공으로 이익을 보는 것을 피하고 제품도 불매해야 할 것이다.

전 세계적으로 윤리 의식이 높아지고 있다. 기후협약과 기업의 온실가스 및 오염 감축 노력으로 끝날 일이 아니다. 주요 투자기관들이 윤리 기준을 충족하지 못하는 기업들에 대한 투자를 줄이고 있다. 'UN책임 투자원칙'이 만들어진 것은 2005년이고, 이것이 앞으로 입법이나 규제를 바꿀지도 모른다. 그렇다면 일부 기업의 이익과 주식에도 영향을 줄 수밖에 없다.

영국의 윤리투자조사기관 아이리스(EIRIS)에서 유용한 정보를 찾을 수 있다. 1983년 퀘이커 및 감리교 자선단체가 창립했으며 1,000곳이 넘는 기업과 대부분의 집단 펀드를 연구하고, 윤리적 투자에 주안점을 두는 펀드매니저와 증권중개인 리스트가 있다. 캔트레이드(Cantrade Investments)도 여기에 속한다.

윤리적 기업에 대한 수요가 생겼지만, 기업을 판단하고 선정하는 방법은 합의되지 않았다. 가장 많이 사용하는 기준은 ESG인데, 많은 기관이 가이드로 쓴다. 그렇지만 통일해서 쓰는 기준은 없다. IFC(국제금융공사)와 MSCI(모건스탠리캐피털인터내셔널)의 기준이 폭넓게 쓰인다. 해당 기준은 다음 내용을 다루고 있다.

◎ **환경적 기준(Environmental): 자연 분야**

– 기업의 에너지 사용, 폐기물, 오염, 자연자원 보호, 동물에 대한 대우 포함 가능

– 환경적 리스크와 기업의 해당 리스크 관리방법

– 오염 토지 소유, 위험 폐기물 처리, 환경 규제 컴플라이언스

– 온실가스 배출, 생물다양성, 폐기물 관리, 수자원 관리

◎ **사회적 기준(Social): 직원, 공급업체, 고객 및 지역사회와의 관계에 대한 기준**

– 같은 가치를 따르는 공급업체와 협력

– 이익의 일정 비율을 지역사회에 기부하거나 직원 봉사활동 권장

– 직원 건강과 안전을 고려한 작업 환경

◎ **지배구조 기준(Governance): 기업 리더십, 임원 급여, 감사, 내부통제 및 주주 권리**

– 정확하고 투명한 회계

- 중요 사안에 대한 투표 기회를 주주가 갖고 있음

- 이사회 내 이해관계 갈등 방지

- 특혜를 위한 정치적인 기여 방지

- 불법 행위 방지

- 내부절차 및 통제에 대한 바람직한 시스템

다우존스 지속가능성 지수, FTSE4Good 지수(런던 증권거래소 및 파이낸셜 타임즈 소유), 블룸버그 ESG 데이터, MSCI ESG 지수, 그리고 GRESB 벤치마크를 비롯한 가이드와 목록이 등장했다. 펀드, 증권중개인, 그리고 어드바이저는 ESG로 선택한 투자를 제안한다. 환경 지속가능성을 측정하려면 기업이 자발적으로 알려주는 탄소정보공개를 참고할 수 있다. 영국 지배구조 강령(Combined Code on Corporate Governance)으로 좋은 지배구조를 확인할 수 있지만, 부분적으로만 따른다.

·4·

경제

주식을 선택할 때 유통, 부동산개발, 엔지니어링 제조 또는 금융기업 등 시장 분야를 선택하려면 2차 조사가 필요하다. 경제를 전반적으로 들여다보고, 구성요소에 어떤 영향을 주는지 확인해야 한다.

그런데 정부의 경기 예측은 잘 맞지 않는다. 기상청보다 예측 능력이 훨씬 떨어진다. 해럴드 맥밀런은 총리였을 당시 국가적 통계가 너무 과거 자료라서 마치 "백미러만 보고 운전하는 것 같다"고 불평했다고 한다. 그 뒤로 거의 나아진 바가 없다. 대기업은 대부분 어느 정도 예측을 하고, 은행 등 주요 금융기관은 해당 분야에 집중하는 경제부서를 갖추고 있다. 경제나 계량경제 전문 기관들도 있다. 이들이 같은 예측을 내놓는 경우는 드물고, 옳은 예측이 나와도 판단력 덕분이 아니라 운이 좋은 경우가 많다. 하지만 다행히 개인투자자는 기관처럼 복잡한 세부

사항을 확인하지 않아도 괜찮다. 개인적으로 관찰하고 상식을 키우면
보통은 도움이 된다.

◎ **투자 전술에 영향을 줄 수 있는 요인**

- 인플레이션율(RPI(소매물가지수)와 CPI(소비자물가지수) 모두 해당)

- 일반적인 경제 상황(상승, 하강, 또는 전환)

- 환율(유로, 달러, 엔화 대비 환율 또는 무역 가중)

- 업계 흐름(예: 유통 지출 증가, 주거구축 및 가격, 환율 등락으로 인한

  엔지니어링 문제)

대부분 신문을 읽고 지역 부동산 흐름을 잘 알기만 해도 알아챌 수
있다. 물론 틀릴 수도 있다. 그런데 의회나 TV에 나오는 사람들도 틀릴
수 있다. 증권시장을 보면, 가까운 미래에 대한 투자업계의 생각을 알
수 있다. 만약 하락세라면 문제가 생길 것이라고 예상한다. 특정 업계를
사람들이 기피한다면 이유가 있다(상황이 납득이 가는지 확인하기 위해 조
사할 가치가 있다). 주가가 상승한다면 낙관적으로 생각하게 된다(낙관적
인 자세를 취해도 좋을지 확인할 가치가 있다).

5

주식 선택

기본적 규칙을 정했다면 그에 맞춰 투자해야 한다. 주의사항이 있다. 증권시장에 발을 들여놓은 적 있는 사람이라면 주식 선택에 대한 나름의 이론이 있다. 도박 중독자와 비슷하다고 보면 되는데, 룰렛이나 경마에서 이길 수 있는 시스템이 존재한다고 믿는 것과 비슷하다. 서점에 가보면 주식투자에 관한 독특한 방법이나 민간요법이 정말 많이 나와 있다. 이런 승리 전략들은 예상 가능한 범주에 있다. 들어갔다 빠지는 방법을 반복하라는 사람도 있고, 사놓고 잊으라는 사람도 있다. 최고의 투자를 위한 실패 없는 전술을 알려준다는 사람도 있다. 조금만 봐도 허점이 보인다. 만약 돈을 벌 수 있는 확실하고 예측가능한 방식이 있다면 모든 사람들이 오랫동안 그렇게 해오지 않았을까?

늘 정답을 찾는 사람은 없다. 게다가 오래 살아남기도 어렵다. 미국 편드매니저 분석에 따르면, 한 해 동안 최고의 성과를 기록한 사람들 중 약 4분의 1만 다음 해에도 남는다. 그리고 3년차가 되면 거의 자취를 감춘다고 한다. 비슷하게, 증권 선택 전문가들의 권고를 연도별로 살펴보면 계속해서 성공하는 사례는 없다(7장 참고).

절망하라는 뜻이 아니다. 전술을 빌려 써서 꼭 부자가 될 수는 없더라도 상식을 가지고 기업과 주식을 살펴보면 성공률을 높일 수 있다. 그런데 진지하게 임해야 한다. 증권시장에서 돈을 벌 심산이라면 노력이 필요하다. 유명한 성공사례 중 하나인 워런 버핏은 결코 우연히 돈을 번 사람이 아니고, 비밀 수법을 쓰지도 않았다. 증권시장 그 자체를 생각하고, 밥을 먹고, 숨을 쉬고, 잠들 때도 주식공부를 놓지 않았다. 버핏만큼 모두가 주식을 잘 알 수는 없을 것이다. 하지만 얼마나 돈을 벌고 싶은지, 최소한 지금보다 나아지고 싶은 것인지 스스로 질문해야 한다.

항상 강조하지만 모든 조언은 주의해서 듣자. 막무가내로 거절하지도 말고, 회의적인 태도로 상식과 개인 경험을 같이 생각하자. 투자의 정답을 많이 찾은 사람도 정작 그 방법은 모르는 경우가 많다. 정답을 찾고 나서 설명을 하려고 하는데, 본인들도 어떤 직감으로 올바른 타이밍에 주식을 매수하고 매도했는지 설명하기 어려워한다. 어떤 방법을 썼는지 알더라도 과연 공유하겠는가? 공개하면 본인이 성공할 기회가 없어질 텐데 말이다.

이런 책이 많이 나오는 것을 보면 증권시장에서 돈을 벌 수 있는 새로운 비법에 대한 책을 출간하는 편이 실제 주식거래보다 돈이 되는 모양이다. 아니라면 왜 굳이 글을 쓰겠는가? 시장을 조사하고 거래를 하는 대신, 돈을 버는 경쟁에 사람들을 끌어모을 이유가 있을까?

투자자는 가능한 모든 정보를 흡수하면서도 주의하고 가능성과 타당성을 평가해야 한다. 남의 방법을 그대로 따르면 잘 풀리지 않을 가능성이 크다. 하지만 여기서 설명한 방법을 조합하면 나만의 접근법을 개발하기 위한 도움을 대부분 받을 수 있을 것이다. 이 주제는 어렵고 개인적인 특성이 있다. 사용 가능한 여러 방법과 조언을 소개한다.

◎ 6가지 투자 가이드라인

1. 펀드나 산업에서 리그 테이블의 가장 아래쪽 근처를 살펴보자. 선두 주자들은 보통 가격이 너무 높거나, 지난해 유행했다.

2. 수익률이 높은 주식을 고르라. 하지만 오래 살아남은 주식이라면 1년 내에 팔자.

3. 이사진이 주식으로 무엇을 하는지 주시하라.

4. 최소 3%의 주식이 직원 소유인 기업 주식을 사라.

5. 연구에 매출액의 4%가 넘는 금액을 지출하는 기업이 보통 잘 풀린다.

6. 기본적으로 탄탄한 기업이지만 현재 상황이 어렵다면 이익 경고 (profit warning) 다음에 사자.

워런 버핏의 공식

- 탄탄한 주식을 사서 버텨라. 성공하기 위해서는 주식이 저렴할 때 사고 귀할 때 팔아야 한다.

리차드 코치의 공식

- 거래 실적이 좋은 기업의 주식을 사라.
- 집중하라.
- 이익 흐름을 주시하라.
- 기업 평판이 좋은 쪽을 골라라.
- 현금을 많이 창출하고 자본에 대한 이익률이 높은 기업을 골라라.
- 신흥시장에 포트폴리오의 일부를 배분하고, 최소 8% 떨어진 주식은 팔아라.

T. 로우 프라이스의 공식

- 장기적인 이익 성장 기록이 있고 그 가능성이 앞으로도 있는 기업에 집중하라. 이는 새로운 경기 순환마다 새로운 피크를 찍는 기업이다. 또한 단위 매출과 이익이 증가하며 좋은 특허와 제품이 나오고 경영 상황이 뛰어난 분야 기업이다.

마이클 오히긴스의 공식

- 지수를 보고 가장 수익률이 높은 10가지 주식을 선택하고, 가장 주가가 낮은 5가지를 골라라.

말콤 스테이시의 공식

- 산업별로 돈을 분산시켜야 한다.
- 느리지만 꾸준히 오르는 주식과 선두주자를 골라야 한다(산업 내 포함).
- 거래가 시작되는 가격 차이에 대한 시스템이 있는데, 필터를 10%로 설정했다면 주식이 피크에서 10% 떨어질 때마다 팔고, 바닥에서 10% 올라갈 때 다시 사야 한다.

시스템에 대한 공식

시스템을 따르는 사람들이 성공한 경우가 많다. 그런데 이 사람들의 조언도 서로 다르다. 그래서 정해진 공식을 주의하고, 투자 권위자라고 주장하는 유행을 따르는 사람들을 조심해야 한다.

이 시스템과 반대되는 말이 하나 있는데, 평균을 넘으려고 하면 실패할 수밖에 없다는 말이다. 그냥 불가능하다는 뜻이다. '랜덤 워크' 이론에 따르면 가격 변화의 방향과 크기는 원래 예측할 수 없다. 승패는 순전히 운에 달려 있다. 장기적으로 비기거나 전체 시장과 함께 움직이게 된다.

시장에 대한 공식

다른 가설에 따르면 시장을 능가하려는 노력은 시간 낭비다. 시장은 경제학자의 관점에서 효율적인데, 가능한 모든 지식이 주식 가격에 반영되어 있다고 한다. 이론적으로 모두가 기업, 경제전망, 그리고 시장에 대한 모든 정보에 접근할 수 있다. 그래서 시장을 움직일 만한 금융 권력을 가진 사람은 없다. 주가는 민간 및 기관투자자의 비교적 정확한 전체 관점을 반영하고 있다. '올바른' 주식 가격은 없고, 누군가 값을 지불할 준비가 된 만큼 가치가 있다고 보는 가설이다. 즉, 일반적으로 합의된 관점이 맞는 가격을 나타낸다.

괜찮은 이론이지만 모든 사람이 동등하게 정보를 갖고 있는 건 아니다. 그리고 주식시장은 무작위도 아니고, 합리적이라고 할 수도 없다. 변칙이 존재하고, 정보를 어렵게 얻을 수 있는데 모든 사람이 이 정보에 따라 반응하는 것도 아니다. 정보가 있지만 모든 사람이 정보를 잡는 것은 아니다.

게다가 시장은 경제학자의 말처럼 최적화되어 있지는 않다. 흔들림이 발생하면서 지나친 반응이 나타나기도 하고, 히스테리가 발생하거나 눈이 멀어 사람들이 한 쪽에 쏠리기도 한다. 남들보다 상황을 영리하게 파악하는 사람들이 있다. 효율적인 시장에서는 계속 평균 이상의 성과를 올릴 수가 없다. 어떻게 큰돈을 벌고, 고객을 위해 큰돈을 버는 사람들이 나오는 걸까? 계속 돈을 버는 유명한 사람들도 있다. 유명한 투자자 중에서는 장기간 시장과 비교해서 5~6배가량 더 성공을 거둔 사람들도 있다.

완벽한 시장은 동떨어진 발상이라는 사실은 증권중개인의 주식 분석을 조금만 봐도 알 수 있다. 기업의 미래성과에 대해 의견이 일치하는 경우는 거의 없다. 모든 견해를 가격에 반영시킬 수도 없는데, 각자 상충되기 때문이다. 옛말처럼, 두 가지의 견해가 있어야 시장이 완성된다.

학자들도 견해를 바꾸고, 비효율이 지속적으로 존재할 수 있으며 이를 통해서 날카로운 분석가는 기회를 얻을 수 있다고 한다. 시장에서 활동하는 사람들은 학계의 엄격한 풍조가 시대에 따라 다르다고 한다. 짧은 기간에는 가격이 무작위고 비논리적으로 변하는 것처럼 보이지만, 기간을 늘려 보면 논리가 보인다.

근본적 분석(fundamental analysis)

유용한 고려사항에 대해 이미 언급했지만, 중요한 내용은 다시 강조해야 한다. 주식의 올바른 가격은 없다. 지불할 준비가 된 가격이 있을 뿐이다. 모든 사람이 중요한 사실을 알거나 데이터 의미를 이해하는 것은 아니다. 심지어 경제학자도 '완벽한 시장' 또는 가격이 내재된 가치를 반영하는 논리적인 시장이 있다고 하지 않는다. 주식거래로 부를 축적한 현실적인 경제학자인 케인스는 오래 전 "당신의 지불 능력보다 시장의 비논리가 더 오래 남을 수 있다"고 이야기했다. 영리한 관찰자는 비합리적으로 무시를 당하거나 시장이 아직 알아보지 못한 가능성을 가진 기업이나 산업을 찾을 수도 있다. 그러면 남들이 알아채기 전에 가격 변화나 배당금 상승을 예상할 수 있다. 이때, 상황은 양방향이라는 점을 기억하라. 이해를 통해서 좋은 구매를 할 수도 있지만, 나머지 시장이 눈치채지 못한 경고도 받을 수 있다.

6장에서 분석과 조사에 대한 자세한 방법을 소개한다. 왜 기준이 중요한지 설명할 것이다. 방법도 방법이지만 이유도 설명하려 한다. '랜덤 워크' 또는 '효율적' 시장과 시장의 감에 대한 정확성을 인정하지 않는다면? 기업의 가치를 계산할 수 있고, 주가는 결국 공정한 가치에 가까워진다.

◎ 근본적 분석 과정

- 기업과 제품을 평가
- 자본에 대한 이익률을 비롯한 발간된 회계정보 점검
- 이익, 잠재 이익, 그리고 배당금에 대한 전망 추정
- 인플레이션율, 파운드화, 소비자 수요 및 금리 수준을 비롯한 경제 환경 검토
- 기업이 활동하는 시장과 경쟁자 동향 주시
- 기업 경영 활동 평가

현명한 투자자라면 고위 임원을 찾는 공고도 주시해야 한다. 기업이 새로운 중요 분야를 만들거나 확대하고자 하는지 보여주기 때문이다.

이 정보는 많이 공개되지 않는다. 이를 조사하면 기업이 시장에서 공정하게 평가받는지 알 수 있다.

그렇지만 가격은 시장의 반응이 결정한다. 그래서 주식 가치가 평가절하돼 있다고 주장한들 소용없다. 시장이 계속 평가절하를 한다면 가격이 오르지는 않을 것이다.

우리가 이렇게 공부하는 이유는 시장이 잠시 잘못 보더라도 결국에는 진짜 가치를 인정할 것이라 생각하기 때문이다. 타인이 눈치 채지 못한 승리의 기회를 잡기 위한 것이다. 분석가가 옳고, 나머지 시장보다 앞서 있지만, 몇 년이 지나서야 제대로 고쳐지는 경우도 있다. 그러는 동안 기업은 주식 가격이 낮기 때문에 방해받고 경쟁자로 인해서 시장에서 설 자리를 잃을 수도 있다.

분석하고 행동하기 전에 두 가지를 추가로 고민해야 한다. 하나는 '현재 주가의 근거', 그리고 나머지 하나는 '시장의 분위기'이다.

주가는 과거보다 미래에 더 근거한다. 가능한 수치보다 주가가 낮을 수 있는데 그 이유는 미래 전망이 좋지 않아서 그렇다. 바꿔 생각해도 마찬가지다. 최신 기업 발표, 영향력 있는 증권중개인 분석이나 기업 현황에 대한 언급이 근거가 된다. 그래서 주식이 가끔 모순적이다. 거래 실적은 좋은데 가격이 하락하기도 하고, 결과는 그저 그런데 상승하기도 한다. 시장은 이미 이 내용을 주가에 반영하고 있다. 발행하고 다음 결과에 따라 주식을 재평가하고 있다. 만약 시장의 예상이 틀렸다고 생각한다면, 진짜 숫자가 나올 때 반응에 대한 희망을 가지고 거래할 수도 있다. 만약 전망한 바와 같다면 말이다. 내가 옳아야 하고, 나머지 시장도 내 예상대로 새로운 정보를 받아들여야 가능한 일이다.

괜찮은 이익을 내는 기업이 있다고 가정해보자. 그런데 주식은 이 현실을 반영하지 못한다. 여러 이유가 존재할 수 있다. 시장을 장악한 주요 기관투자자가 보기에 기업이 너무 작을 수도 있다. 시장이 봤을 때 미래 문제가 발생할 수 있거나, 가격이 이미 이익을 반영하고 있거나, 기업 자체는 좋은 기업인데 분야가 현재 추세에 어긋날 수도 있다.

여기서 시장의 분위기가 중요하다. 금융잡지를 읽고, 라디오를 듣고, 좋은 직감을 갖는 것과 관련돼 있다. 시장에서 꼭 남들보다 정확해야 한다는 이야기가 아니라, 타인이 새 정보를 어떻게 보고 사용할지 예측할 줄 알아야 한다. 기업, 분야 또는 기업 분류에 대한 인식이 바뀔 느낌을 받는 사람들이 있다. 더 많이 공부하고 노력할수록 운도 좋아진다.

결정을 쉽게 하려면 매수 시점에 정해야 할 것이 있다. 주식이 얼마나 평가절하돼 있는지 알아야 한다. 올바른 시가총액, P/E 비율, 수익률을 알 필요가 있다. 분야, 성과, 전망을 고려하면 어떨까? 올라가다가 특정 수준을 넘으면 매의 눈으로 신호를 잡아야 한다. 과잉 반응의 신호를 찾았는데 이번에는 상향이었다면, 최소 일부 팔아야 한다. 배를 놓치는 것을 두려워 말라. 그 배가 타이타닉이었을 수도 있다. 18세기 남해 버블 사건, 1830년대 철도 광풍, 1999년 닷컴 버블이 그 사례다.

1998~1999년에 웹에 대한 새로운 아이디어가 있거나, 인터넷 거래를 위한 소프트웨어를 제조하거나, 그런 기업에 투자하는 사업은 '현자의 돌(연금술에서 중요한 위치를 차지하는 전설적인 물질 – 옮긴이)' 같은 존재로 여겨졌다. 채굴사업 주식이 그랬던 것처럼, 6주마다 한 번씩 주가가

2배로 올랐다. 일 년 안에 230펜스에서 87파운드로 38배가량 오른 주식도 있었다. 몇 개월 전까지는 존재도 몰랐던 기업들이 갑자기 수억대의 가치를 갖게 되었다. 엄청난 자극이었고 많은 사람들이 휩쓸렸다. 그런데 이 붐은 명백히 지속 불가능했고 과잉 반응으로 이어졌다. 보다 현명한 접근법이 나오는 데는 한 해가 넘는 시간이 걸렸다. 인터넷은 분명 큰 사업 기회였지만 하루 만에 무한정 이익을 주지는 않았다. 현명한 투자자들은 일찌감치 기회를 잡았고, 정말 현명한 사람들은 낙관적인 상황이 언제 끝날지 알아차렸다. 보유량을 팔거나 대폭 줄였다.

우리는 혼자가 아니라는 사실을 기억하자. 수많은 분석가와 펀드매니저에게 터무니없는 금액을 지불해서 시장에서 승리하려는 기관도 있고, 수백만 명의 민간 투자자들이 장밋빛 미래를 꿈꾸고 있다. 그래서 주요 가격은 이 사람들의 기대를 반영한다. 기업에 대한 기대, 그리고 활동하는 시장에 대한 기대가 여기 들어간다. 이건 현재 활동이 아니라 앞으로 몇 년 동안 이루어질 것으로 기대하는 활동에 근거해서 가격을 정하는 것이다. 어떻게 보면, 주가는 미래가치를 할인한 가격이다.

대부분 계산은 발간되는 회계정보로 한다(7장 참고). 기업 등록소(Companies House)에서 처리하지만 대부분 기업은 사본을 정중하게 요청하면 미래의 투자자에게도 보내준다. 대량의 데이터에서 정보를 발라내는 일은 요령과 경험이 필요하며 녹록치 않다. 어려울 건 없지만 회계 용어를 배워야 하고, 기업이 어떤 방법을 사용하는지 대강 알고, 숫자의 뜻을 이해해야 한다. 회계는 계산을 알려줄 뿐 아니라 다량의 정보를 품고 있다. 만약 재무적으로 정교한 방법을 쓰거나, 교묘하게 결과를 포장하거나, 숫자를 조심스레 재배치하고 있다면 해당 기업이 겉보기와 다르거나 경영에 있어서 허수가 존재한다는 뜻이다. 이런 건 피해야 할 특성이다.

이렇게 조사해서 엄청난 데이터를 얻으면 정보가 묻히기도 한다. 민간 투자자는 사례에 맞는 중요한 정보를 구별할 수 있어야 하고, 엄청난 양의 정보에 압도되지 말아야 한다. 그러면 개인용 필터를 장착해야 한다. P/E 비율이 5~6을 넘지 않는 기업을 고를 수도 있다. 최소 평균보다 10% 높은 배당수익률을 가진 기업만 고를 수도 있다. 환영받지 않는 분야를 살펴볼 수도 있다. 예를 들면, 리테일(유통) 분야에 먹구름이 정말 껴 있는가? 전문 투자자들이 제조업을 기피했던 이유가 여전히 남아 있는가? 케이터링 업체보다 주류제조기업이 더 나은 선택지인가? 경기 흐름을 역으로 사용하는 투자자가 되는 것이다. 워런 버핏은 이렇게 조언했다.

"남들이 두려워할 때 욕심을 내야 한다. 남들이 욕심을 낼 때 두려워해야 한다. 간단한 일이다."

주주가 받는 혜택을 고려하는 사람도 있다. 기업이 추가로 제공하는 혜택이 존재한다. 할인 혜택을 레스토랑 체인점이나 건축업자, 의류 소매점, 보험회사, 초소형 컴퓨터 제조사, 여객선 운영사 등을 통해 받아볼 수 있다. 이런 것은 매수 이유가 아니라 보너스의 개념으로 인식해야 한다.

다른 이유도 고려해서 투자할 기업을 선택하자. 제일 좋은 접근법은 다른 기준과 함께 사용하는 것이다. 예를 들면, 국가 경제적 상황도 고려하라(좋을 때 잘되는 기업도 있는데, 반대의 경우에 더 잘 살아남는 기업도 있다). 소비자 관점도 고려하고 기술적 분석도 고려하자(6장 참고).

지수 추종(트래킹, tracking)

이 모든 논의는 투자자가 전체 시장을 능가하고 싶다는 사실을 전제한다. 이게 유일한 전략은 아니다. 많은 개인이나 투자펀드는 이 일이 힘들고 비용이 많이 든다고 생각해서 안전한 경로를 선택한다. 시장 전체의 성과만큼만 좋은 투자를 시도한다. 장기적으로 시장은 보통 올라가게 되기 때문에 안전한 저비용·저위험 접근법이다(더 많은 설명은 3장 참고).

껍데기 주식과 회복 주식(shell and recovery stock)

껍데기 기업이나 회복 기업에서 엄청난 '부의 가능성'을 찾을 수 있다. 여기 특화된 예측이 필요하다. '껍데기(shell)' 기업은 사업이 거의 없거나 아예 없는데, 계속 주식시장에 남아 있으려고 한다. 다른 기업이 주식시장에 상장할 때 비용을 낮추는 방법이 되려는 것이다. 예리한 관리자가 들어와서 다른 기업(민간 기업 가능)을 인수하려는 자금을 모집하거나, 다른 기업이 거래소에 들어와 '역지배(reverse takeover)'를 하기도 한다. 상장기업은 비상장기업을 법적으로 사들이지만, 현실적으로는 비상장기업의 관리자와 사업이 지배를 하는 셈이다. 이런 상황 및 전망에 대해 많은 정보를 알아내는 것은 불가능에 가깝다.

'회복 주식(recovery stock)'은 좋지 못한 시기를 지난 기업의 증권으로, 현재 고쳐지는 중이거나 고쳐지게 될 상태다. 빠르게 수익을 줄 수 있지만, 역사를 살펴보면 승산은 그리 많지 않다. 워런 버핏의 말처럼.

"기업이 무능력하다는 평판이 있는데 새로운 능력 있는 경영진이 들어온다면, 그 기업 자체의 평판이 결국 남는 경우가 다반사다."

인정받는 성공한 사람이 이런 말을 했다고 생각하면 정신이 들 것이다. 항상 들어맞지는 않는다. 어려운 기업이 무너지기 직전 고쳐 줄 사람을 만나거나 정책을 바꿔 구제받는 경우도 있다. 추가로, 주식시장은 원치 않더라도 이익이 줄어드는 이유가 타당한 경우도 있다. 기업이 큰 자금을 연구개발에 투자해서 신규 제품을 만들어서 새로운 거대 시장이 등장하기도 한다. 새로운 기업을 사들여서 범위를 확장할 수 있다. 기업 구조를 조정하여 효율성을 높일 수 있다(비용이 많이 드는 정리해고 포함). 이유가 무엇인지 팩트 체크를 할 필요가 있다. 희망의 씨앗이 존재할 수도 있고, 버핏의 말이 맞을 수도 있으며 그러면 지는 사람들은 잊혀진다.

최근 사건들을 보면 명확히 알 수 있지만, 반대의 경우는 그렇지 않다. 즉, 한 번 이겼다고 항상 승리하지는 않는다. J. 세인스버리와 막스 앤 스펜서는 오랫동안 리테일의 강자였고 잘못될 일이 없을 것만 같았다. 하지만 시장의 판단은 달라졌고, 주식은 곤두박질쳤다. 한때 IBM이 너무 강력해서 다른 컴퓨터 제조사를 모두 없앨 것이라는 전망도 있었다.

어제의 엄청난 성공이 내일까지 지속되는 경우는 드물다. 지난 3개월 주식이 두 배 올랐다고 감격의 눈물을 흘리지 말고, 멈추고 생각하자. 만약 상황이 이어진다면 그 기업이 프랑스와 독일을 5년 안에 사들일 수 있을까? 바보 같은 생각이 필요 없다. 유니레버나 쉘처럼 오랫동안 있었던 기업과 견줄 만한 기업일까? 이렇게 생각하면 바라보는 관점이 생긴다. 이익을 실현하고, 수익을 활용해서 성공할 만한 다른 기업에 분산시키게 된다.

이 요인을 모두 기억하고 투자의 기준을 세울 수 있다. 희망이나 느낌에 덜 의존하고 현실적인 개인의 니즈와 시장 현황에 더욱 의존한다.

소기업(small company)

언론에서는 보통 이런 기업을 스몰캡(small cap)이라고 부른다. 시가총액(시장가치)이 크지 않고, 주로 해설자, 증권중개인, 그리고 정보원이 크게 신경 쓰지 않는 기업이라 그렇다. 하지만 런던정경대 3인의 연구자에 따르면, 대형주 기업에 1955년 1파운드를 투자했다면 2019년 초 1,225파운드가 되었을 것이고 스몰캡 기업에 투자했다면 8,200파운드가 되었을 것이다. 상장기업 중 하위 1%에 투자했다면 3만 3,011파운드가 되었을 것이다. 미국을 비롯한 다른 국가 시장도 규모는 작을지 모르지만 비슷했다(알 수 없는 이유로 노르웨이는 여기서 예외였다).

평균보다 높은 수익을 내기 위해서는 당연히 리스크가 있다. 규모가 작은 기업은 더 취약하고, 심지어 살아남은 주식도 변동성이 높다. 위험을 최소화하려면 대차대조표를 잘 살펴보고 틈새시장에서 갖는 좋은 입지와 기업 주식을 보유한 경영진의 상태를 살피면서 투자해야 한다.

리스크는 런던 증권거래소 AIM 시장에서 잘 확인할 수 있다. 1995년 생겨난 시장인데, 신생 소기업에게 길을 내주는 곳이었다. 좋은 때도 있었지만 전반적으로 인플레이션에도 발맞추지 못할 정도로 실패했다. 당시 FTSE 올쉐어(FTSE All-Share) 지수가 4배 상승했다. 닷컴 문제도 있었고, 포함된 기업의 질이 개선되었는데 현재 보고되는 이익으로 알 수 있다.

또 다른 문제는 노력이 필요하다는 점이다. 신문, 매거진, 중개인은 분석이나 팁을 제공하지는 않아서 투자자는 리서치를 해야 한다. 잠재 기업을 찾아내고, 시장과 점유율을 살펴보고, 이사진을 분석하고, 대차대조표를 살펴보아야 한다. 이런 의지, 시간, 자신감이 없다면 소규모 기업에 투자하거나 초소형주에 특화된 유닛 트러스트를 찾아보자. 실질적으로 매우 작은 존재들이다.

소비자 관점(the shopper's view)

소비자는 개인적 경험을 통해서 재화, 상점, 서비스 기업 중 좋은 가치를 가졌고 도움이 되는 존재를 알고 있으며 계속 사들인다. 다른 소비자도 그렇게 느낀다면 사업이 성공한 것이다. 물론 반대의 경우라면 경고가 울린다. 재화를 더 구매하지 않거나, 품질 또는 가치가 그다지 좋지 않아서 사러 가지 않는다면, 다른 사람들도 곧 알아차릴 것이다.

예를 들어 세인스버리의 가격이 올라서 마음에 들지 않아서 테스코에 간다면 어떨까? 그 반대의 경우라면 어떨까? 다른 쇼핑객들도 비슷한 생각을 할 수 있고, 이익과 주가에 반영될 것이다. 비슷하게 제품이나 서비스가 훌륭하고 좋은 가치를 제공하며 기업이 건전성을 나타내고 목표도 크다면 증권시장에서 인기가 높아질 것이다.

더 넓게 보자. 시장이 언제 현실을 보지 않고 희망과 탐욕에 눈이 멀었는지 알 수 있다. 닷컴 버블과 2007년까지 10년간 이어진 부동산 과열이 그 사례다. 정신이 제대로 박힌 사람들은 가다라의 돼지가 질주하는 모습을 보고 이유는 몰라도 악재가 닥칠 것이라고 느꼈다(가다라의 돼지는 누가복음에 등장하는 빠져 죽은 돼지 무리 - 옮긴이). 영리한 사람들은 직감적으로 매출과 가격을 살펴보고, 걱정되는 내용의 보고서를 일찌감치 보았으며 이익을 갖고 나갔다. 하지만 이런 경우는 드물었고, 금융기관에 닥친 악재를 살펴보면 금융기관에도 많지 않았다.

패자(loser)

전문가와 아마추어 투자자를 구분하는 특징이 있다. 바로 지는 패를 버리는 능력이다. 소소하게 투자하는 사람들은 기업 상태가 나빠져도 본인이 산 주식에 정을 붙이는 것 같다. 손실을 보면 본인이 실수했다는 사실을 인정하는 것 같아서 싫을지도 모른다. 이들은 주가가 850p에서 55p로 떨어져도 다시 오르기를 기다린다. 하지만 감정에 치우치지 않고 보면 20p 아래로 폭락할 것이 뻔하다.

심지어 '평균을 낮추는' 전략(물타기-옮긴이)을 취하는 투자자도 있다. 저가 추가매수로 평균 비용을 낮추자는 심리인데, 이건 다시 회복한다는 것을 전제한다. 하지만 성공하기 위해서는 절대로 틀려서는 안 된다. 시장이 내가 보는 대로 움직여야 가능한 일이다.

시장에서 더 나은 기회를 찾고, 지는 패는 버리는 게 상책이다. 강자가 결정을 더욱 쉽고 자동적으로 하는 이유는 행동의 포인트를 잡고 있기 때문이다. 이때, 10 ~15% 하락을 손절매(stop-loss) 신호로 잡는다.

부수입(perk)

주식을 보유하면 자본 가치상승 및 배당수익이 들어오는 혜택이 있다. 그 외에도 많은 기업은 주주 충성도를 위해서 기타 부수적인 혜택을 제공하고, 대부분 할인이다. 어쨌든 주주가 돈을 더 써야 하고, 그러면 이익에 도움이 된다. 혜택을 시작하기 위해서 보유 최소한도를 맞춰야 하는 경우도 있다. 일부 증권중개인은 관련 리스트가 있다.

·6·

해외주식
(overseas share)

런던 증권거래소에는 많은 외국 기업이 상장돼 있다. 특히 유럽 기업이 많은데, 폭스바겐, 뱅크 오브 아일랜드, 바이엘, 그리고 에릭슨이 있다. 미국 기업으로는 GE나 애보트 래버러토리가 있고, 중국의 중국국제항공, 일본의 혼다, 가와사키, 미쓰비시, 대만의 에이서, 남아공의 SAB밀러, 칠레의 안토파가스타, 러시아의 가스프롬이 존재한다. 대부분은 영국에서 거래가 이뤄지고, 사업에 대한 아이디어를 얻을 수 있으며 증권중개인의 경영과 숫자에 대한 분석을 볼 수 있다. 주요 영국 기업에 투자하는 것과 비슷한 거래다.

유럽 주식시장 통합으로 다른 주요국 시장과 주식에 접근하기 쉬워졌다. 특히 독일, 프랑스, 네덜란드의 경우 인터넷에 기반한 훌륭한 증권중개인이 많아졌다.

이론적으로는 영국 중개인을 통해서 해외주식을 구매할 수 있다. 실제로는 규모가 커야 가능한 일인데, 실제 거래를 하는 곳은 20곳까지 전 세계 거래소와 거래한다. 사전에 중개인이 거래를 하는지 확인하라. 그런데 글로벌 시장과 차별화된 경제적 성과는 새로운 기회를 제공하고 있다. 인터넷 및 온라인 주식 중개인으로 쉬워진 것도 사실이다. 유럽 트레이더의 성장에도 불구하고 해외주식 중 실시간 거래할 수 있는 것은 보통 미국 증권이다. 독일과 프랑스의 비용이 저렴한 딜러가 영국에서 인터넷 서비스를 출시하려고 하면서 변할 것으로 예상된다.

이런 부류의 투자가 다 그렇지만, 리서치와 사전 조사가 필요하다. 그렇지만 해외주식에는 리스크가 한 겹 더 존재한다. 먼저 해외 경제 상태를 살펴보자. 투자자는 해당 국가 금리가 변할 예정인지 알아야 한다. 주가에 즉각적인 영향을 줄 수 있다. 전반적으로 경제가 상승세인지, 하락세를 보일 것인지 알아야 한다.

두 번째로, 현명한 투자자는 특정 섹터의 상태에 대해 알아야 한다. 무역협정, 개편, 합병 등으로 영향을 받을 것인지 알아야 한다.

세 번째로, 기업 가치를 추정하기가 조금 더 어렵다. 영국 신문은 이 내용에 대한 많은 기사를 내지 않는다. 증권중개인이 분석하지도 않으며, 시장에서 제품과 서비스에 대해 살펴볼 수 없다. 예를 들어 스위스 주식이라면 5,000파운드 정도 하고 1주에 2만 파운드 넘는 주식도 있다. 이런 특이사항이 있어서 소규모 투자자는 전체적인 그림을 이해하기 어렵다. 물론 주식을 부분적으로만 사는 것도 가능하긴 하다.

환율 리스크도 있다. 주식 거래로 괜찮은 이익을 내도 환율 등락으로 없는 것이 될 수 있다. 마지막으로, 시장 운영 방식 자체에 리스크가 있다. 호주나 미국 등 주요 국가의 규제는 영국과 크게 다르지 않다. 하지만 '신흥 시장'은 두서가 없거나 부패한 경우도 있다. 거래가 일정하지 않게 기록되기도 하고, 소유권 기록이 변동되고, 통제가 제멋대로 이뤄지는 경우도 있다.

이런 위험을 감내하고 미국 주식으로 재미를 본 사람들도 있다. 보다 작은 국가에서 신생 시장에 투자해서 이득을 보는 사람도 있다. 대부분 상황에 대해 알고 있고, 리스크를 관리할 줄 아는 사람들이다.

주식 초보이거나 상대적으로 자본이 적다면 펀드나 투자신탁을 살 때 괜찮은 테마를 찾는 것이 좋다. 다양하게 존재하는데, 일본, 미국, 독일, 환태평양 지역, 서유럽, 혹은 개도국에도 있다. 심지어 구체적 산업 분야를 지역에서 고를 수 있다. 좋은 주식에 대한 결정을 전문가들에게 넘기게 되고, 리스크를 분산하게 된다. 영국 기업 주식을 사면서 선호하는 지역과 무역을 하는 기업을 선택하는 방법도 있다. 이렇게 하면 환율을 걱정할 필요 없다.

· 3장 ·

집합
투자

**How the stock
market
works**

투자신탁, ETF 또는 펀드(유닛 트러스트) 같은 투자방법의 주요 장점은 리스크를 줄인다는 점이다. 다수의 기업에 분산투자하면 한 기업이 잘 못되거나 파산하더라도 위험을 줄일 수 있다. 또한 일반인에 비해 정보 가 많고 투자감각도 좋은 전문가가 관리해준다는 장점도 있다.

장점

모든 것은 비용이 따른다. 집합투자(pooled investment)는 소규모 투자자에게 더욱 안전한데, 리스크를 분산하기 때문이다. 하지만 탁월한 투자처를 찾아 큰 상승을 기대할 수는 없다. 리스크가 없는 만큼 호재도 없다. 비용을 받는 전문가가 관리하기 때문에 펀드 수수료도 있다.

안전성을 따라도 생각할 필요가 없는 건 아니다. 신경 쓰거나 리서치를 할 필요가 없는 건 아니다. 일부 투자 관리자는 영리하지 못해서 우수한 주식을 매수하지 못한다. 일부 신문이나 매거진에 나오는 성과표에서도 찾아볼 수 있다. 주식공부를 좀 더 하면, 시장과 신탁보다 실적이 훨씬 우수한 펀드도 찾을 수 있다.

표 자료는 주의해서 봐야 한다. 실적 통계는 이미 발생한 일만을 다루는데, 앞으로 계속 그런 실적을 기대할 수는 없다. 신탁이 정말 훌륭한 성과를 냈다고 해도 특정 분야의 요행이었을 수도 있고 유행이 갑자기 겹쳤을 수도 있다. 리테일, 일본, 바이오테크놀로지, 금융, 신흥시장 등 다양하다. 10년 전에 거래를 잘했던 사람이라고 해도 오늘날 시장에서 똑같이 잘 분석할 수는 없다. 내일은 더욱 그렇다. 게다가 10년 전 펀드를 상위권으로 올려놓은 사람은 지금 이미 라이벌 회사로 옮겼거나 은퇴했을 수도 있다.

거꾸로 생각해도 마찬가지다. 일본이 흥하지 못했던 시기에 일본에 투자하느라 약점을 가지고 있었던 펀드가 있을 수 있다. 인터넷이 유행을 비껴갔을 때 인터넷에 투자한 펀드가 있을 수도 있다. 이런 요인은 경제적 상황이나 유행으로 인해 촉발되며, 빠르게 뒤집히면서 해당 펀드를 상위권으로 올릴 수도 있다. 투자 관리자가 문제였다면, 경쟁으로 인해 능력 있는 사람으로 대체됐을 수도 있다.

반복 투자 또는 시장의 등락에 대한 안전책을 마련하기 위해 많은 조직은 정기적으로 저축 계획을 가지고 있다. 투자자는 정해진 금액을 내고, 보유분은 당시 일반적 가격에 달려 있다. 전문가들은 이것을 '파운드 비용 평균법(pound cost averaging)'이라고 칭한다. 가격이 제일 고점을 찍었을 때 주식이나 유닛(unit, 펀드의 단위를 뜻한다._옮긴이)을 모두 매수하는 리스크를 덜어준다.

관리 비용을 줄이는 방법 중 하나가 미국 뮤추얼 펀드에 진입하는 것이다. 유닛 트러스트와 비슷하지만 비용이 낮다. 이를 상쇄하는 요인은 환율 리스크에 노출된다는 점이다.

마지막으로, 나만의 공동 투자책을 마련하는 방법이 있다. 미국에서 인기 많은 투자 클럽이 영국에도 생겨났다. 사람들이 여럿 모여 돈을 모아 시장에 투자한다. 주로 정해진 금액을 넣는다. 매달 10파운드 정도 넣고 공동으로 투자처를 결정하는 것이다. 투자를 분산시킬 수 있고, 관리비용을 내지 않고, 직접 투자해보는 재미를 느끼며, 사회적 모임도 갖고, 회원 간 리서치를 분담하는 장점이 있다.

투자신탁

투자신탁은 증권거래소에 상장된 기업과 비슷하다. 하지만 그 기능은 다른 기업에 투자하는 것이다. 주로 '폐쇄형 펀드(closed-end fund)'라고 부르는데 주식의 발행수가 고정돼 있고 기업의 인기 등에 따라 흔들리지 않기 때문이다.

리스크를 분산하기 위해 여러 주식을 살 만큼 충분한 여유 자금이 없는 소규모 투자자라면 투자신탁을 활용할 수 있다. 신탁은 수십 개 내지 수백 개의 기업에 돈을 투자한다. 하나가 문제 생겨도 나머지가 잘되면 보상이 이뤄진다. 그렇다고 해서 무조건 승리하는 것은 아니다. 결국 투자 관리자도 사람이고 실수할 수 있기 마련이다.

또한 일반 투자자에게는 없는 압력이 존재한다. 이들은 투자 성과가 계속 모니터링을 받으므로 투자 전망이 무르익는 순간까지 기다릴 여유가 없다. 가능성이 제일 높아질 때까지 기다리면 라이벌에 뒤처지기 때문이다. 반면 일반 투자자는 기다릴 수 있고 장기적 관점을 가질 수 있다. 비슷하게, 용감한 관리자만이 위험을 무릅쓰고 다른 펀드가 가지 않는 길을 갈 수 있다. 올바른 선택이었다면 인정받겠지만 아니라면 반대다. 타인과 같은 정책을 고수하면 업계 평균보다 아래로 떨어지지는 않기에 보너스도 아마 들어올 것이다.

시장을 뛰어넘기를 포기하고 '지수 추종 투자자(트래커)'가 된 사람들도 있다. 가장 큰 기업의 주식을 매수하고, 시장 전체와 함께 움직이는 방법이다.

집합투자의 또 다른 불리한 점은 비용이다. 투자신탁은 다른 기업들처럼 증권거래소에 상장돼 있는데, 그래서 주식거래 비용이 비슷하다. 중개인 비용이 있는데, 신탁 관리 회사와의 정기적 저축으로 어느 정도 줄일 수 있다. 인지세도 있고, 매수가와 매도가 간의 스프레드(spread, 가격 차이)도 존재한다. 규모가 작은 신탁에서는 10%가 넘기도 한다. 관리 회사에서 바로 매수 가능한 것도 있다. 분명한 장점은 있다. 그게 아니라면 이렇게 많이 존재할 리 없다.

투자신탁을 활용한다고 선택할 일이 없는 것은 아니다. 무수히 많은 전문가 중에서 선택할 수 있다. 이스탄불, 부다페스트, 마닐라, 모스크바, 카라카스 등의 보다 스릴 있는 증권시장을 전문으로 다루는 신탁도 있다(BRIC 국가인 브라질, 러시아, 인도, 중국을 비롯한 신흥시장에 들어갔다가 나오기도 한다). 환태평양 국가에 투자하는 신탁도 있다. 일본에 집중하는 신탁도 있고, 소기업에 특화됐거나 회복 기업에 거는 신탁도 있다(주로 성공률은 등락폭이 있다). 유럽이나 미국에 특화돼 있거나 기술기업 전문인 곳도 있다. 투자신탁 관리자는 주로 펀드나 유닛 트러스트보다 도전적인 특징이 있다.

'분할 자본 신탁(split capital trust)'도 있다. 특정 분류의 주식이 소득을 갖는 기간이 제한적으로 있다. 시간이 차면 다른 분류 주식 순서가 되어 보유분을 팔고 나오는 수입을 갖는다.

신탁의 주식이 상장되면 주가를 알 수 있고, 주식에 대해 어떤 투자 의견이 있는지 확인할 수 있다. 신탁이 가진 상장기업 주식의 가치를 계산할 수도 있는데, 비공개 기업에 특화된 경우는 예외다. 그렇다면 자산 가치와 신탁의 주가를 비교할 수 있는데, 해당 정보는 발간되며 7장에 더욱 자세히 나온다. 보유자산 대비 할인받는 신탁도 꽤 있다(신탁의 주식당 보유분의 가치가 시장이 주식에 대해 제시하는 가치보다 크다). 반대로 보유자산 대비 프리미엄이 붙는 경우도 있다.

실제 가치보다 낮게 가격이 책정되는 이유 중 하나는 주요 투자기관이 기피하기 때문이다. 거대 연금 펀드 또는 보험회사는 이렇게 투자를 분산할 필요가 없고, 전문 관리자를 돈 주고 쓸 필요도 없다. 인하우스로 고용하면 해결된다. 그래서 투자신탁은 주로 회계사나 은행 매니저로부터 펀드를 추천받은 일반 투자자의 선택지가 된다. 그러나 유행도 변하고 투자신탁이 더 인기를 끄는 경우도 있다. 저평가 폭이 괜찮을 때 진입하면 수익도 괜찮다. 저평가가 신탁이나 관리상의 문제로 인한 것이 아니라면 말이다.

·3·
펀드와
유닛 트러스트

'펀드(fund)'라는 단어는 원래 자금을 의미한다. 그런데 유닛 트러스트의 인기가 폭발하며 이전의 명칭을 대체해서 펀드라고 흔히 부른다. 투자신탁이 개인 리스크를 여러 기업으로 분산시키는 장점을 펀드도 갖고 있다. 풀타임 전문가가 포트폴리오를 관리해주는 것도 장점이다. 투자신탁처럼 전문가가 다양한 분야나 기업 분류에 따라 투자하기 때문에 선택지가 존재한다. 소득 지향, 자본성장 지향, 환태평양, 하이테크 등 전문 분야를 고를 수 있다.

투자신탁과 달리 유닛이 증권시장에 상장되지 않고 투자자는 관리회사와 직접 거래한다. 그러므로 발행된 증권은 아주 제한적인 유통시장을 갖는다. 투자자는 펀드에만 되팔 수 있다. 관리자의 관점에서 보는 시장으로, 제안(offer) 가격에 유닛을 팔고 더 저렴한 입찰(bid) 가격에 다시 사들인다. 그러면 스프레드를 통한 이익을 보고, 관리 비용도 받는다. 가격 정보는 신문에도 나와 있다.

투자신탁과 달리 '개방형 펀드'라고도 불리는데, 그 이유는 투자자의 공동 자원이기 때문이다. 더 많은 사람들이 펀드에 진입하려 한다면 더 발행하고 투자해서 충당하면 될 일이다. 반대로, 사람들이 유닛을 되팔아 돈을 받으려고 한다면 관리자는 자산을 매각해서 현금을 비축해야 할 수 있다. 투자신탁은 비슷한 일을 겪어도 자산을 보유할 수 있고, 주가 하락에도 견딜 수 있다.

투자신탁 주식 가격은 시장 수요로 결정되며, 원래 기초 가치와 크게 달라질 수 있다. 하지만 유닛 가격은 보유하는 주식 가치로 엄격하게 결정된다.

유럽연합과 입법으로 새로운 용어가 생겨났다. 펀드는 '공동 투자 제도(collective investment scheme)'라고 하며, 법에서 독립 펀드매니저가 관리하는 공동 제도(pooled scheme)의 일환이라고 한다. 상장주식, 채권, 국채에 투자할 수 있으나 비상장 주식이나 부동산에는 보통 투자할 수 없다. 대부분의 '열린 결말을 가진 투자회사'와 펀드 그리고 알려진 해외 제도는 FCA(금융감독청)의 승인과 규제대상이다.

나머지는 비주류 공동투자라고 부르기도 한다. 흔하지 않고 위험하거나 복합적인 자산, 구조, 또는 투자 전략을 가졌기 때문이다. 규제 대상이 아닌 공동 투자 제도인데, 특수목적기구가 증권을 발행하고, 자격 있는 투자자 제도 유닛, 그리고 거래 생명보험 투자(traded life policy investment, 미국과 영국에서만 판매되는 상품으로 생명보험과 관련된 투기적

계약_옮긴이)가 있다. 이렇게 규제 대상이 아닌 경우 나쁘게 인식되지는 않지만 보통 더 위험한 투자 포트폴리오를 가지고 있다. 그래서 리테일 투자자나 일반 대중을 상대로 홍보할 수 없다.

· 4 ·

트래커 펀드

전설적인 일화가 있다. 예전에 미국 〈비즈니스 매거진〉 소속 직원이 눈을 가리고 〈월스트리트저널〉 가격 페이지를 향해 다트 던지기를 했는데, 그 승률이 메이저 펀드매니저를 모두 이겼다고 한다. 시장 평균을 계속해서 능가하는 것은 정말 어려운 일이고, 승승장구만 하는 사람은 거의 없다.

관리자 중에서 증권시장의 변덕을 극복하는 것을 포기한 사람도 있다. 이들은 트래커 펀드로 가는데, 미국에서는 인덱스 펀드(index fund)라고 한다. 모든 거대 주식에 투자하는데(대표성을 가질 만큼 큰 규모) 그래서 주요 증권시장 지수와 함께 움직이게 된다. 영국에서는 보통 FTSE 100을 의미한다. 수동적 투자이며 효율적 시장을 가정하고 시장이 중요한 정보를 다 알고 있어서 시장을 뛰어넘으려는 노력은 헛수고라고 전제한다. 맞든 아니든, 관리자를 탓할 수 없는 구조이고 투자자는 경기에 뒤처질 걱정을 하지 않게 된다. 스릴이 덜하기 때문에 저축한 금액을 맡길 투자처를 찾는 사람에게 적합하다. 최소 중기적으로 리스크 거의 없이 투자하게 된다. 물론, 단기적으로 시장 변동에 영향을 받긴 하지만, 대부분 기간에 괜찮을 것이다.

FCA는 여러 번 문제점을 지적해왔다. 관리자가 수수료를 받고 나면 투자가 지수를 따라가지 못한다는 것이다. 그래도 인기가 많은 걸 보면, 투자자는 주식 스프레드를 위해서 그리고 다양한 지수 중 선택하고 따라가기 위해서 비용을 지불하고자 하는 것 같다. 스스로 주식을 고르다가 실수할 것을 두려워하는 것보다 나을 수도 있다.

FTSE 러셀(FTSE Russell)

이 자회사가 만든 증권거래소 지수들은 전 세계 주식시장 투자의 98%를 포함한다. 글로벌 부동산 시장 기업이나 13개 중 하나의 '안정성 지수(stability index)' 혹은 '로우 베타 동일 비중(low beta equal weight)' 지수를 고를 수 있다. 그러면 수동적인 투자자에게 엄청나게 다양한 선택지가 주어진다. 예를 들면 미국 주식시장을 따라간다면 S&P 500도 있고, 아니면 3,000 또는 5,000개 기업의 지수를 통해서 대부분의 미국 상장기업을 살펴볼 수 있다.

MSCI

모건스탠리캐피털인터내셔널사였지만 지금은 분리된 MSCI는 다양한 지수를 다루고 있고, 모든 산업과 지역을 포함하며 다양하게 분류된다. 전 세계 지수에 세트가 있고, 신흥시장 섹션을 미주(5개국), 유럽, 중동과 아프리카(11개국) 그리고 아시아(8개국)로 나누고 있다. 그 외 걱정될 수 있는 프런티어 시장이 있고, 따로 떨어져 있는 국가로는 사우디아라비아, 자메이카, 보스니아, 짐바브웨가 있다. 일반 소비자 구매 상황을 따라가기 위한 리테일 지수 세트도 있다.

ETF(exchange traded fund)

다른 인덱스 펀드와 비슷하게 ETF는 주로 지수, 시장, 또는 자산군을 추적하는 증권을 담은 바구니다. 증권거래소에서 거래되며, 가입 비용이나 환매 비용이 없다. 하지만 다른 주식 거래처럼 거래마다 커미션이 붙고, 연간 수수료는 보통 0.5%(한국은 0.2~0.4%) 미만이다. 또한 다른 인덱스 펀드처럼 추적하는 지수의 모든 주식을 매수하는 건 아니다(전체 복제(total replication)라고 한다). 샘플링 기법을 사용하다가 트래킹 에러가 나는 경우도 있다. 즉, 펀드 실적이 완전히 타깃을 따라가는 건 아니다. 0.25~4% 정도라고 하며, 수수료와 가격 변동을 넘을 수도 있다.

ETF는 비용이 낮아서 점점 투자자의 관심을 받고 있다. 그래서 제품도 다양하게 나왔다. FCA가 제품이 더 복잡해지면서 리스크가 높아지는 현상에 대한 경고를 발표하게 되었을 정도다. '스마트 베타 펀드(smart beta fund)'는 이름이 잘못 붙었다고 볼 수 있는데, FTSE 100을 비롯한 지수를 따르는 것이 아니다. '발레(vale)'라는 저렴한 주식, 빠르게 오르는 주식을 사고 떨어지는 주식을 파는 모멘텀, 그리고 낮은 변동성을 비롯한 특징을 따라간다. ETF 라벨을 잘못 사용하는 것도 문제가 된다. 현재 ETC나 ETN에도 적용되지만 이들은 보장되지 않는 자산으로 훨씬 리스크가 따른다.

OEIC(open-ended investment company, 개방형 투자회사)

OEIC는 펀드와 투자신탁 사이 그 중간에 해당한다. 투자신탁처럼 주식을 발행하는 기업들이다. 그리고 펀드처럼 투자자가 돈을 얼마나 투자하고 싶은지에 따라 주식 수가 달라진다. 투자자가 다시 주식을 판다면 주식은 취소된다. 투자 전문가들은 보통 OEIC를 '오이크'라고 발음한다고 한다.

이 기업들은 전문분야로 분류된 펀드를 여럿 포함한다. 투자자는 선호하는 분야를 고를 수 있으며, 행정업무와 비용을 최소화하고 펀드에서 펀드로 이동할 수 있다.

투자 클럽

전문가가 관리하는 공동 투자도 있지만, 투자 클럽이라는 대안도 있다. 민간 투자자들이 현금을 모아 어떻게 투자할지 함께 결정한다. 구성원 한 명이라면 불가능하겠지만, 여러 투자처에 보유분을 분산시킬 수 있다. 그리고 유닛 트러스트나 투자신탁 수수료 혹은 전문 관리 기업 수수료를 낼 필요가 없다. 펀드와 투자신탁의 전문성은 포기하지만, 내가 하고자 하는 투자를 고르는 재미가 있고 사회적 모임을 즐길 수 있다는 장점도 있다.

이상적인 구성원 수는 주로 3~20명 정도다. 20명이 넘으면 HMRC에서 법인(corporation)이라고 하며 법인세를 내야 할 것이다.

전문가 자선단체 프로쉐어(ProShare)는 클럽 시작에 대한 조언을 주는 핸드북을 냈다. 다른 가이던스도 읽어서 전문성을 키워야 한다. 증권시장의 상세한 내용을 알아야 하는 것보다는, 구성원들끼리 넓은 지식을 키우는 것이 좋다. 공학, 주류업, 리테일 등에 대한 지식을 늘리는 것이다.

공식적인 기반을 설정하지 않으면 나중에 문제가 생기거나 논쟁이 발생할 수 있다. 모두가 서명할 모델 규칙 및 규약이 있다. 회원가입, 탈퇴, 유닛 가치 평가, 그리고 결정 방식을 비롯한 내용을 다루고 있다. 기타 여러 문제점에 대한 합의가 필요하다. 투자클럽 구독료, 만남 장소와 시간, 결정 방식, 의장, 회계 담당자 및 서기 임명, 은행가, 증권중개인, 그리고 회계사 결정에 대해 합의해야 한다. 그리고 클럽이 계속 포트폴리오를 이어 나갈지 아니면 5년까지만 하고 이익을 멤버들에게 나눌지 결정해야 한다. 투자는 한 명이 대표해서 진행할 수 있다(보통 회계 담당자). 또는 대리인 역할을 하는 회사를 차릴 수도 있고, 은행으로 처리할 수도 있다. 일부 증권중개인은 투자 클럽용 패키지를 준비한다.

기존 클럽에 가입 초대를 받는다면 지금까지 내린 결정들을 확인하는 것이 좋다. 편하게 생각되는지 확인하고, 투자금은 내가 충분히 지불할 수 있는 정도인지 확인하라.

내가 좋아하고 신뢰하는 사람들, 목표와 선호도가 서로 비슷한 사람들만 같이 가야 한다. 하이테크 스타트업이나 리스크가 있는 회복 주식에 투자하고 싶다면, 보더폰(영국의 통신 우량주_옮긴이)도 과감하다고 생각하는 클럽에 가입하는 것은 실수일 것이다. 전문가의 주요 조언은 개인 조언과 비슷한데, 이런 것이다.

'이해하지 못하는 것에 투자하지 말라.'

'파생상품을 비롯한 복잡하고 리스크가 존재하는 시장을 기피하라.'

대부분 클럽은 업무를 분담한다. 구성원은 단순히 돈만 내는 것이 아니라 참여하게 된다. 심지어 모임에 늦으면 벌금을 내는 곳도 있다. 보통 한 달에 100파운드 아래의 금액을 투자하므로, 부자만을 위한 모임은 아니다. 그런 만큼 투자 클럽에서 이익을 본다고 해서 30살에 은퇴하거나 카리브해 섬을 살 돈을 벌 수는 없다. 다 그렇겠지만 이렇게 해서 투자에 성공한 사람들도 있다.

· 4장 ·

채권과
국채

How the stock
market
works

금융산업의 메카인 시티에 있는 금융가들은 영리하게 보통주 말고
도 다양한 상품을 만들어 두었다. 기업과 금융기관 등이 발행하는 상
품이다.

채권(bond)

주주는 기업 운영을 위한 현금을 투자하기 때문에 기업을 소유하는 존재다. 하지만 잘 풀리는 기업은 사용하는 자금을 끌어오는 원천의 균형을 맞추고, 돈을 빌리기도 한다. 은행대출이나 당좌대월(overdraft, 기업의 마이너스통장 같은 거래-옮긴이)도 있지만 주요 투자에 대한 자금을 위해서는 장기적으로 고정 기간 동안 돈을 빌리는 것이 현명하다는 것이 대부분 경영진의 생각이다. 이를 위해서 기업은 다양한 상품을 발행한다. 기업 IOU(차용확인서)와 비슷한데, 주로 이런 상품을 '채권'이라고 부른다.

채권은 거래 가능한 장기적 차용증서로, 정기적으로 이자를 지급해야 한다(보통 발행 당시 정해진 이자율). 보통 만기일이 명시돼 있다. 발행자는 액면가치에 다시 채권을 사들여야 한다. 법인 자산으로 담보를 하는 경우도 있고, 보장이 없는 경우도 있다. 채권을 보유하면 기업이 이익을 내든 그렇지 않든 이자를 무조건 받아야 한다.

채권에 명시된 배당률을 '쿠폰(coupon)'이라고 부르기도 한다. 지급을 받기 위해 기업에 다시 보내는 긴 문서가 함께 오는 일자를 살펴봐야 한다.

법인 자산으로 보장된 채권은 주식보다 높은 수익을 제공하면서도 더안전하다. 그리고 이 시장은 주식 가격에 비해 변동성이 훨씬 덜하다. 하지만 일부 리스크는 남아 있다. 주식처럼 채권도 투자라 할 수 있고저축상품과 다르다. 그러므로 FSCS 개인 예금 보호를 받지 않는다. 그리고 소득 수준을 예측할 수 있다고 해도 채권의 자본가치는 발행기업을 얼마나 신뢰할 수 있는지에 따라 달라진다(주요한 효과가 있는 경우는 드물다). 그리고 시장의 일반적인 금리에 따라 달라진다. 금리가 올라가면 채권 가치는 떨어져서 수익률을 나머지와 맞추기 때문이다. 만기가가까울수록 가격은 발행 가격과 가까워진다.

발행 금리는 채권의 수명과 기업에 대한 신뢰에 따라 달라진다. 역시안전할수록 수익률이 낮다. 안전성을 평가하는 기업이 존재하는데, 이기준이 항상 확실하지는 않다. 미국의 무디스와 S&P는 가장 안전한 기업들의 등급을 Aaa에서 AAA까지 매긴다. 그 아래로 부실기업들은 C에서 D등급을 받기도 한다.

투자하고 싶다면 최근 기업보고서와 회계정보도 꼼꼼히 확인하는 것이 좋다. 현금흐름이 건강하고 일관적인지 확인하자. 그리고 기업이 얼마나 부채에 대한 이자 상환을 할 수 있는지 나타내는 비율을 확인하

라. 이 비율은 이자 및 세전 수입(EBIT)을 이자 지급 금액으로 나누면 알 수 있다. 가능하다면 채권을 보장하는 담보도 확인하자.

채권 수익률과 만기 사이의 관계를 보여주는 수익률 곡선은 시장의 금리에 대한 흐름 예측을 보여준다. 안정성을 비롯한 요인이 같다면 만기가 멀수록 이자가 높아야 한다. 더 오래 기다리고, 인플레이션이 가치를 깎을 리스크가 있기 때문이다. 이자율이 오를 것이라면 곡선은 더 가파른 형태를 띠게 된다. 만기가 긴 장기 채권의 금리가 낮으면 이자율은 떨어질 것이고, 중앙은행이 기준금리를 낮춘다면 경제가 약해진다는 시장의 두려움을 시사한다. 채권시장이 주식시장보다 경제에 대해 더욱 잘 알려준다는 가정 하에 채권 수익률 곡선이 뒤집히면 주식을 매도하라는 신호가 된다.

이 책에서 '일반적으로' '대개' '종종' '보통' 같은 단어를 쓴다. 지식이나 조사가 부족해서 그렇게 표현한 것이 아니라, 금융시장은 원래 독특하다. 과거와 다른 새로운 것들이 계속 나타나고, 영리한 신규 금융 상품으로 개인의 니즈를 충족한다. 보통의 상황을 설명하더라도 투자자는 변수나 특이한 상황에 대해서 준비해야 한다.

2

영구이자지급주식

금융계에는 고유한 언어가 있다. 문제는 일상적으로 쓰는 말과 차이가 있다는 것으로, 이는 일반인을 혼란스럽게 하는데 사실 그것이 목적은 아니다. 전문적 기능에는 전문적 설명이 필요하고, 금융가들도 우리가 쓰는 단어를 활용하기도 한다. 예를 들면 '영구(permanent)'와 '무기한(perpetual)'의 차이가 있다. '영구 자본'은 회사채를 설명할 때 쓴다. '무기한'은 만료일이 선언되지 않은 금융상품을 의미한다. '무기한 상환 Tier-1 채권(perpetual callable tier-one note)'은 부채처럼 보이지만 우선주와 비슷한 개념이다. 반면 '영구이자지급주식(Pibs, permanent interest-bearing share)'은 주식이 아니라 실질적으로는 채권이다.

영구이자지급주식은 채권이나 후순위 부채처럼 작용하는 주택금융조합이 발행하는 주식이라고 한다. 핼리팩스(Halifax)나 첼튼햄앤글로스터(Cheltenham & Gloucester)처럼 주식회사로 전환한 주택금융조합의 영구이자지급주식은 '무기한 후순위채'라고 알려져 있다. 예치금을 비롯한 다른 주택금융조합 투자와 비슷하게 보유한 사람은 조합 구성원이 된다.

지급 비율은 고정돼 있고 정해진 상환 기일은 없다. 일부 상품은 발행인이 다시 살 수 있지만 필수는 아닌 일자의 범위를 가지고 있으며, 먼 미래인 경우가 대부분이다. 가끔 상환이 아닌 변동금리채(floating-rate note)로 바뀌기도 한다.

다시 조합에 팔 수는 없지만 증권거래소에서 거래할 수는 있다. 강제 상환 기일이 없기에 일반적 이자율과 발행 조직의 건전성에 따라 가격 등락이 이루어진다. 그래서 대부분의 채권보다 변동성이 크다. 경기가 개선되고 금리가 상승하면 Pibs 가격은 하락한다. 금리가 오르면 가격이 떨어지지만 금리가 내리면 자본가치가 오른다. 투자의 하한선은 일반적으로 없지만 딜러는 한 번에 천 단위로 거래한다. 증권중개인의 거래 비용이 들기 때문에 1,000~1,500파운드 아래 투자는 경제적이지 못하다.

Pibs는 만기가 없는 국채보다 몇 퍼센트 포인트 높은 수익률을 제공한다. 주식회사 전환이 이뤄지고 일부 주택금융조합이 무너지면서 수익률은 리스크를 상쇄하기 위해 강제적으로 올라갔다. 리스크가 높은 이유는 자본 비율이 명시된 수준 아래로 하락하면 이자가 보유자에게 지급되지 않기 때문이다. 그리고 이자는 누적되지 않기에 사라진다. 그리고 문제가 생기면 Pibs 보유자는 주식 보유 회원인 예금자(depositor)

보다 순위가 아래다. 자본 보유자로 분류되기에 FSCS나 DGS의 보호를 받지 않는다. 반면 예금자는 8만 5,000파운드까지 보호받는다. 그렇지만 주택금융조합은 일반적으로 리스크가 낮다.

좋은 소식은 이 투자상품을 살 때 인지세가 없다는 점이다. 이자는 합해서 지급되며, 이자에 세금이 붙지만 ISA에 둘 수 있다. 그리고 현재 자본이득세 대상이 아니다. 또한 주택금융조합은 주식회사로 전환되기 전에는 보수적으로 운영했다. 그래서 자금은 주로 저축에서 오지, 변동성이 높고 예측할 수 없는 단기금융시장에서 오지 않는다. 상장주식이 없는 주택금융조합은 시장에서 돈을 거는 사람들의 공매도(숏)로 인해서 주가가 떨어져 안정성이 하락할 일은 없다(용어설명 참고).

(Pibs는 명칭만 주식일 뿐, 한국에서는 사실상 후순위 채권으로 분류된다. 명칭만 Pibs인 것이 영국의 고유 사례로 보인다.-감수)

론 스톡(loan stock)과 차입증명서(debenture)

담보의 역할을 할 명시된 자산이 없는 채권을 론 스톡이나 노트(note)라고 부른다. 기업 자산이 담보하는 차입증명서에 비해 더 높은 이자율로 더 큰 리스크를 상쇄한다. 영국에서는 보통 고정자산인데, 미국에서는 일반적 기업 자산으로 담보하는 변동 비용이 존재하는 경우가 많다.

이러한 채권 상품에 대한 이자 지급(배당금)은 기업의 재정적 상황과 관계없이 정기적으로 이뤄진다. 이자율이 발행 당시 고정되기 때문에 시장가격은 시장 이자율이 내려갈수록 올라간다. 반대의 경우도 마찬가지로, 투자로 인한 수익률을 단기 금융 시장의 다른 투자처와 비슷하게 유지한다. 다른 말로 설명하자면 특정 시점에 채권을 사서 얻는 투자 수익률은 발행하는 기업의 상태보다 일반적 이자율에 더 영향을 받는다.

만기가 많이 남았다면 금리 변동에 따른 가격 변동성이 더 높은데,

상환 영수증의 영향력을 덜 받기 때문이다. 반면 경제, 분야, 기업에서 훨씬 더 많은 요인에 따라 가격 영향을 받는 보통주에 비해 등락폭은 훨씬 덜하다.

수익이 발행 당시 고정되기 때문에 구매하면 얼마나 많은 돈을 벌지 알 수 있다. 원래 자본을 다시 지급하는 상환 기일까지 기업이 상태를 유지하고 담보의 상태 역시 문제가 없다면 말이다. 기업이 살아남을지 우려가 존재하기 때문에 정부가 발행하는 완전히 안전하다는 국채보다 수익이 높다. 그래서 민간 투자자에게는 쉬운 결정이다. 이자를 지급할 수 있을 만큼 기업이 살아남을 수 있을까? 걱정되는 점을 국채보다 높은 수익으로 상쇄할 수 있을까?

발행인이 보증 이자 지급을 하지 못한다면, 일반적으로 기업이 무너질 만한 심각한 위험에 처한 것이다. 이때 차입증명서 보유자는 수령인 (receiver)을 지목하여 담보 역할을 하는 자산을 현금화해 자본을 상환할 수 있다. 담보가 없는 론 스톡의 경우 이런 선택지가 없지만, 기업이 파산할 경우 주주보다 우선 순위다.

다른 형태도 존재한다. '후순위 차입증명서(subordinated debenture)' 는 이름으로 알 수 있듯이 순위가 낮고, 청산이 이뤄질 때 후순위가 아닌 차입증명서 이후 지급이 이루어진다. 특히 미국 기업이 발행하는 채권은 대부분 무디스나 S&P를 비롯한 기관이 등급을 매긴다. 등급 체계는 안전한 AAA부터 이미 디폴트 상태인 D등급 채권까지 있다.

·4·
우선주
(preference share)

우선주는 하이브리드 형태라고 생각할 수 있다. 보통주처럼 보유자가 기업에 관여할 권리가 생기지만, 주로 의결권은 없다. 채권처럼 미리 정해진 일자에 명시된 지급을 받는다. 우선주라는 이름만 봐도 우선순위를 알 수 있다. 보유자는 기업에 이익이 있든 없든 배당금을 받을 권리가 생기고, 소득을 원하는 투자자에게 매력적인 투자처다. 추가로, 이자를 지급받는 것보다 배당금을 받는 것이 세제 혜택이 있는 경우도 존재한다. 우선주 보유자가 받기 전까지 보통주에 대한 배당금은 지급할 수 없다. 정리가 이뤄질 때나 배당금을 지급할 때는 차입증명서 보유자나 채권자보다 후순위다. 기업 경영 상황이 어려워서 우선주 배당금도 지급할 수 없다면 누적 권리가 있는 주식에 '롤업(rolled up)'이 이뤄져 다시 상황이 괜찮아지면 전부 지급된다. 우선주 보유자가 이 누적 권리를 가지고 있지 않다면 보통 돈을 못 받을 경우 기업에 상당한 제한을 걸 수 있는 권리를 갖는다. 배당금이 지급되지 않으면 의결권을 갖는 경우도 있다.

보통주처럼 무기한인(irredeemable) 경우가 일반적이다. 그래서 판매 외에 보증된 출구는 없다. 기업이 문을 닫게 된다면 우선주 보유자는 부채를 보유한 사람에 비해 순위가 밀리지만, 보통주 보유자보다는 순위가 높다.

다양한 상품의 분류가 존재한다. 예를 들면 우선주도 전환 권리가 있는 경우가 있다. 즉, 보통주로 바꿀 수 있는 경우다.

전환 상품
(Convertible)

우선주와 회사채 중 전환 가능한 상품도 있다. 명시된 수명 중 정기 배당수익을 지급하지만, 고정된 일자에 보통주로 바꿀 수 있다. 보유자의 선택으로만 전환 가능하며, 발행하는 자가 강제할 수 없다.

채권이나 우선주에 콜 옵션이 있다면(5장 참고) 그 가치는 주가와 혼합돼 있다. 전환 비용 및 창출하는 소득과 혼합 형태다.

·6·

국채(Gilt)

'Gilt-edged securities'를 줄인 말인 'Gilt'는 국채를 의미한다. 보면 분류, 구분, 신뢰가능성을 알 수 있다. 정부가 발행하는 채권이기에 안전하고 신뢰할 수 있다는 뜻이다. 이런 근거는 확실하다. 정부는 런던에서 16세기에 돈을 빌리기 시작했고, 채권의 이자나 원금 상환에 실패한 적이 없다. 국채는 어떻게 보면 자산으로 담보되지 않은 론 스톡과 비슷하다. 하지만 국가가 국채 발행을 보장하는 것으로 추정되며, 미래 국채 디폴트 사태 가능성도 현저히 낮다. 리스크는 사실상 '0'이라고 여겨진다.

국채가 존재하는 이유는 정치인들이 단기 경제 상황이 좋지 않아서 세수 문제가 있다고 생각하고, 코로나를 비롯한 단기적 부족 현상을 해결하려 하기 때문이다. 세금을 올려서 국가 지출을 충당할 수 있겠지만 그렇다면 유권자의 민심을 잃을 것이기 때문에 하지 않는다. 수익과 지출의 차이는 빌린 돈으로 해결한다. 정치인과 금융 뉴스에서 종종 다루는 공공부문 차관 요구액(Public Sector Borrowing Requirement) 또는 정부 부채가 바로 이것이다. 사실상 이자를 내고 명시된 일자에 다시 사들이는 미래 세대가 부담을 진다.

발행된 국채는 고정 이자율이 적용되고, 정해진 상환기일이 존재한다(주로 일정 기간을 두어서 유연성을 정부가 갖는다). 이때 재무부가 다시 사들이게 된다. 국채의 명칭은 크게 중요치 않고, 발행된 국채끼리 서로 구분하는 역할을 할 뿐이다.

이자율은 쿠폰이라고 부르는데, 당시 일반적 이자율과 발행 대상자에 따라 달라진다. 국채 대다수가 이 분류에 해당한다. 추가로, 물가 연동 국채와 무상환 국채도 있다. 그중 악명 높은 전시 공채가 존재한다. 제2차 대전 당시 국가를 도운 국민들은 인플레이션으로 인해 저축의 가치가 땅에 떨어지고 말았다. 그래도 여전히 발행됐고, 2008년 금융 사태를 계기로 저금리 환경에서 새롭게 재탄생했다.

다양한 상환 기일을 갖는 국채가 존재한다. 흔히 숏(short, 단기)이라고 지칭하는 5년 미만 국채가 있다. 중기(medium-dated) 국채는 5년 내지 15년의 수명이 있고, 롱(long, 장기)은 상환까지의 기간이 15년이 넘는다. 정부에서는 울트라 롱(ultra-long, 초장기) 국채도 발행한 바 있는데, 상환까지 50년까지 기한을 가질 수 있다. 전체적으로 연금펀드나 보험회사 같은 투자자를 겨냥한 상품이다. 이들은 연금을 받는 사람들의 오랜 수명에 맞춘 자산이 필요하기 때문이다.

신문에서 수익률을 살펴보면 두 가지 칸이 있는 경우가 있다. 하나는 유동수익률(running yield, 시장 금리) 칸이고, 상장된 가격에 해당하는 수익을 의미한다. 나머지 하나는 상환수익률(redemption yield, 만기수익률) 칸이고, 지급하는 이자 및 상환일까지 보유하는 가치와 상환까지 고려한 수익률이다. 액면가치인 100파운드가 여기 파(par, 시장 금리=만기수익률_옮긴이)에 해당한다. 국채 현재 가격이 이것보다 아래라면 상환수익률은 유동수익률보다 높다. 하지만 반대의 경우라면(일반적으로 금리가 높은 증권) 상환에 가치를 일부 잃고 수익은 낮아진다.

발행 당시 수익이 정해져 있기 때문에 국채 같은 채권 가격이 올라가면 해당 시점에서 투자했을 경우 실제로 얻는 수익률은 내려간다. 명목상 액면가치가 100p(펜스)인 국채를 산다고 가정해보자(1파운드지만 증권시장은 주로 펜스를 기준으로 쓴다). 이자율이 발행 당시 10%로 정해져 있다면 어떨까? 현재 국채 가격이 120p라면 수익률은 8.3%다. 120p에서 10p가 차지하는 비율인 셈이다. 가격이 떨어지고 80p에 사들인다면, 수익률은 12.5%가 된다. 10p는 80p의 12.5%이기 때문이다.

영국 국채보다 리스크가 높은 공채(public bond)도 존재한다. 지역 당국이나 외국 정부가 발행한 채권이 여기 포함된다. 수십 년 동안 지역 당국이나 외국 정부가 부실사태를 겪지 않고 안정적이었을 때는 계산도 간단했다. 그런데 2008년 사태와 여러 국가 금융시장의 혼란이 나타나자 당연한 것은 없다는 사실을 깨닫게 된다. 국가부채도 늘 안전하지는 않으며 적자가 많은 국가는 더 심하다. 미상환 채권에 대한 경험이 있는 사람이라면 알 것이다. 중국 정부, 제정러시아, 미국의 주, 라틴 아메리카 기업이 발행한 채권 중에서도 원래는 좋아 보였지만 이제는 램프 장식이나 화장실 액자로 전락한 상품들이 있다. 상환이 되지 않아서 그렇다. 2017년 베네수엘라는 650억 달러에 달하는 채권 디폴트 사태를 겪었다. 해외 채권은 환율 등락도 고려하면서 불확실성을 인지해야 한다.

다시 이야기하지만, 항상 리스크가 높을수록 보상으로 수익도 높다. 아주 높은 배당금을 준다면 아주 높은 리스크를 지닌 투자처일 것이다. 혹은 그렇게 인식되는 투자처다.

공채의 경우 영국 국채보다 리스크가 높다면 지역 당국과 외국 정부가 더 높은 수익률을 제공한다는 뜻이다. 국가별 금융 안정성 신뢰도에 따라 다르다. 회사채는 발행인과 보증인(주로 대규모 은행)에 따라 달라지며 살짝 더 높은 경우가 있다. 안전한 메이저 발행인이라면 차이는 보통 미미한 수준으로, 대부분 0.3%를 많이 넘지 않는다.

· 5장 ·

파생상품의 복잡한 세계

How the stock market works

파생상품은 광범위한 지식, 지속적인 주의력, 그리고 재력이 필요한 도박판이다. 증권에 의존하거나 기반하는 금융 상품으로, 투자 가격도 이에 결정된다. 즉, 금융 상품에서 나오는 또 다른 금융 상품이다.

파생상품은 잘나간다는 전문가들도 극적으로 투자에 실패하는 분야다. 파생상품은 90년대 전 세계 경제를 흔들었고 2007년부터 2009년 사이에는 최대 규모 금융기관, 은행, 보험회사를 집어삼키기도 했다. 연간 수백만의 연봉을 받는 전문가인 금융업자들이 틀려서 수십억 파운드 기업이 파산한다면, 아마추어는 길게 살아남기 힘들 것이다. 상어가 가득한 바다에 경험 없는 소규모 투자자가 들어가는 것은 너무 위험하다. 낭패를 겪은 후 규제당국은 더 복잡하고 특화된 상품이 리테일 시장에 들어가지 못하게 막고, 경고와 제외기준을 발표하기에 이르렀다. 특히 '내재(embedded)' 파생상품에 대한 내용을 다뤘다.

이 장에서는 투자를 유도하기보다는 배경 설명에 중점을 두려 한다. 독자 중에는 도박을 즐기거나, 충분히 돈이 많아서 희박한 가능성에 돈을 걸 수 있거나, 위험한 분야에 들어갈 만큼 경험이 풍부한 사람도 있을 수 있다. 파생상품은 투기적인 영역이다. 리스크를 보고 헤징을 하거나, 시간 내 거래하는 가격을 고정시켜서 안전망처럼 사용할 수도 있다. 그렇지만 시장에 대한 특별한 감이 있어야 한다.

존경받는 투자자 워런 버핏은 버크셔 해서웨이 2002 연간보고서에서 이렇게 경고했다.

"거래의 당사자 그리고 경제 시스템에게 이건 시한폭탄이라고 본다… 우리 관점에서… 파생상품은 금융의 대량파괴무기로, 지금은 보이지 않아도 잠재적으로 치명적인 위험을 안고 있다."

원래 발명 목적은 리스크를 줄여 주려는 것이었다. 헤징 도구로 본 것이다. 예를 들면, 농민이 큰 수확을 거둘 때 잠재적인 위험에서 보호받기 위한 목적으로 사용한다. 밀, 오렌지, 커피 등 수확을 하게 되었는데 가격이 폭락하면 위험하다. 그런데 수확의 규모를 알기 전에 가격을 미리 합의할 수 있다. 작물 상태가 좋지 않다면 가격이 상승해도 큰 이익을 보기 어렵다. 하지만 반대의 경우 농민이 입을 수 있는 손해를 막아 준다.

복잡한 파생상품이 굉장히 많다. 선물, 옵션, 스와프와 더욱 낯설고 복잡한 상품이 많아지고 있다. 이러한 파생상품은 가치를 지닌 다른 존재에 기인하거나 의존하는 계약이다. 기초자산 또는 지수가 있는데, 예를 들면 원자재, 보통주, 주택 모기지, 상업용 부동산, 대출, 채권 또는 기타 크레딧, 이자율, 에너지 가격, 환율, 증권시장 지수, 인플레이션율, 날씨 등에서 파생상품이 나올 수 있다.

파생상품은 현대에 새롭게 나타난 상품은 아니다. 기원전 6세기 밀레토스의 탈레스는 철학자는 가난뱅이가 될 수밖에 없다고 놀림을 받았다. 이 말이 틀렸다고 증명하기 위해 탈레스는 없는 돈을 탈탈 털어 수확기에 사용하는 올리브유 압착기를 미리 샀다. 그가 이를 저렴하게 사들일 수 있었던 이유는 당시 누구도 수확 시기에 수요가 얼마나 있을지 몰랐기 때문이다. 아리스토텔레스에 따르면 "수확 시기에 수요가 갑자기 높아졌다. 그는 원하는 가격을 불러서 상당한 돈을 벌었다"고 한다. 보통 사상가들은 이런 데 관심이 없지만, 노력에 따라서 충분히 부자가 될 수 있다는 사실을 알 수 있다(《정치학(Politika)》 1권 11장 참고). 이 거래가 옵션인지 선도거래인지에 대한 논쟁이 있기는 하지만, 여기서 중요한 사실은 파생상품의 역사가 길다는 것이다.

파생상품은 보험 계약과도 유사하다. 다가오는 리스크를 상쇄하는 것이 주된 기능이기 때문이다(금융 용어로 '헤징'). 이때, 계약 당사자는 리스크를 받고 반대쪽이 수수료를 적용받는다. 그리고 한 방향으로 움직이는 가치에 대해 거는 도박이다.

정해진 일자에 명시된 가격에 자산을 파는 선물계약으로 헤징을 할 수도 있다. 물품, 채권, 그리고 주식이 들어갈 수 있다. 개인이나 기관은 정해진 가격과 일자에 판매를 진행한다. 자산과 그 혜택을 유지하고, 리스크는 줄인다. 중간에 변하더라도 팔 때 가격을 알 수 있다.

파생상품으로 투자자는 기초자산 가격이 조금만 변해도 큰 수익을 얻을 수 있다. 하지만 가격이 어떻게 변하는지에 따라 큰 손실을 볼 수도 있다. 2009년 AIG가 미국 정부로부터 850억 달러의 구제 금융을 받아야 했던 것을 생각하면 알 수 있다. 신용부도스와프로 그 전 3분기 동안 180억 달러가 넘는 손실을 입었다. 캘리포니아 오렌지 카운티는 1994년 파생상품 거래에서 약 16억 달러 손실을 보고 파산했다. 하지만 정말 하늘이 무너진 것은 2007년이었다. 메이저 은행 대부분이 복잡한 파생상품을 거래하면서도 근본적인 내용, 리스크, 그리고 의미에 대해서는 알지 못했다.

파생상품의 세 가지 주요 분류가 스와프, 선물/선도거래, 그리고 옵션이다. 서로 병합하는 것도 가능하다. 예를 들면 '스왑션(swaption)'의 보유자는 명시된 일자 혹은 그 이전에 스와프에 들어갈 권리가 있지만 의무는 없다.

선물/선도거래

선물/선도거래는 특정 일자나 그 이전에 오늘 명시된 가격으로 자산을 사거나 파는 계약이다. 선물계약은 청산거래소에서 이루어지는 표준화된 계약으로, 이러한 계약을 거래하는 거래기관에 관련 있는 경우가 일반적이다. 청산거래소는 거래 및 연관된 지불을 조직하고 기록한다. 선도거래는 양 당사자의 명시된 내용에 대한 협상이 이뤄진다.

많은 파생상품이 그렇듯이 원래 리스크 헤징을 위해 만들어졌다. 예를 들면 미국으로 수출하는 기업은 환율 등락에서 보호받기 위해 '선도거래'로 화폐를 살 수 있다. 명시된 일자에 정해진 환율에 따라서 달러를 보유할 권리를 갖는 것이다. 그러면 해외 계약을 통한 수익을 예측할 수 있다. 만약 부채를 해결하기 위해서 정해진 일자에 매도할 주식이 있다면, 그리고 시장이 무너질지도 모른다는 걱정을 하고 있다면, 판매가격을 지금 합의할 수 있다.

도박을 하는 사람이 1,000파운드에 선물 계약을 한다고 생각해보자. 이때 파생상품이 무엇에 기초하는지는 중요하지 않으며 곡물, 주식, 통화, 국채, 크로뮴 등 다양할 수 있다. 거래의 마진이라고 부르는 비용은 10%니까 100파운드가 된다. 그러면 기어링(gearing)이 꽤 높다. 3개월이 지나자 가격이 1,500파운드로 올랐다. 운이 좋게 500파운드의 이익을 보고 팔 수 있고, 원래 자금의 5배다. 하지만 가격이 500파운드로 하락할 수도 있다. 그러면 상황이 나빠지기 전에 빠져나갈 결정을 해야 한다. 잃는 500파운드도 원래 자금의 5배다. 주식 및 워런트 투자에서는 잃을 수 있는 가장 큰 금액이 원래 구매한 금액이다. 그렇지만 선물에서는 원래 투자한 돈의 몇 배를 잃을 수도 있다.

선물계약은 만기일 전에 팔 수 있고 가격은 기초자산 가격에 달려 있다. 시간 내 제대로 계약을 팔지 못하면 다음 선물계약 만기로 계약을 이연하거나, 계약을 관리하는 거래소가 선물계약을 종료하고 이익을 송금하거나 손실을 차감한다.

주가지수 선물거래도 있다. 이는 마치 경마 게임과 비슷한데, 만기일에 주가지수 상태에 따라 이익이나 손실 여부를 알 수 있다. FTSE 100 지수 선물거래에서는 1포인트 차이를 25파운드로 본다.

스프레드 거래는 그 연장선에 있다. 증권시장과 애매하게 엮인 사건·추세나 금융 관련 사건에 돈을 거는 도박이다. FTSE 100 지수 혹은 주요 임원의 생존 여부를 비롯한 사건과 추세에 따라 상황이 바뀐다. 스프레드 베팅 기업이 4,460 내지 4,800을 잡고, 시장조성자가 임원에게 남은 기한은 40~42일이라고 한다고 생각해보자. 누군가는 한 달 이내라고 생각할 수 있다. 이때 40에 팔 수 있다. 임원이 그보다 더 오래 남아 있을 것이라 생각하고 42에 살 수도 있다. 만약 해당 임원이 47일간 살아남는다면 샀던 사람들이 5일 차로 이긴 셈이다. 얼마나 걸었는지에 따라 수익이 달라진다. 일당 1,000파운드였다면 5,000파운드가 된다. 하지만 팔았던 사람들은 7일 차로 패배했고, 얼마나 걸었는지에 따라 손실금이 달라진다. 보통주 거래처럼, 공정한 경우 시장조성자는 스프레드로 이익을 남긴다.

스프레드 베팅 기업이 Brigantine & Fossbender에 361~371p이라고 제안을 한다면 어떨까? 주가가 크게 오를 것이라 생각해서 371에 구매하고 10파운드 유닛으로 정한다고 해보자. 만약 옳은 결정이었고 가격이 390p로 오른다면 베팅 가격에 비해 19p 올라간 셈이다(1유닛인 경우). 그러면 수익금은 190파운드다. 하지만 만약 340p로 내린다면 손실이 210파운드가 된다. 역으로 생각해보자. 주가가 하락할 것이라 생각하고 361p에 판다면 어떨까? 계산법은 같다. 가격이 361~371p 범위 내에 들어간다면 이기는 쪽은 없다.

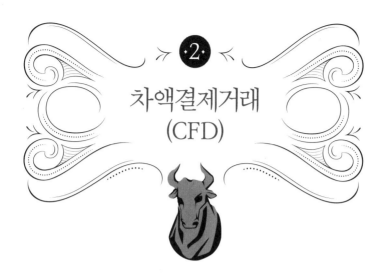

차액결제거래
(CFD)

차액결제거래는 엄밀히 자산을 거래하는데, 실제로 보유하지는 않는다. 정해진 기간 말에 가격이 오른다면 판매자는 가격 차이만큼 구매자에게 지불한다. 가격이 내린다면 구매자는 가격 차이만큼 판매자에게 지불한다. 차액결제거래는 영국, 네덜란드, 독일, 스위스, 이탈리아, 싱가포르, 남아공, 호주, 캐나다, 뉴질랜드, 스웨덴, 프랑스, 아일랜드, 일본 그리고 스페인 비상장 및 상장시장에서 찾아볼 수 있다. 하지만 미국에서는 금지다. 그러나 미국은 마진 거래를 찾아볼 수 있다. 자산은 주식, 지수, 물품, 통화, 금, 채권 등 다양하게 존재한다.

기초자산이 이동하는 것은 아니기에 가격 변동을 활용한다. 실제 주식을 보유할 필요 없이 주식거래를 하는 혜택을 제공한다. 리스크가 있기에 민간 소속이 아닌 중간에 속하는 고객만 접할 수 있도록 FCA에서 규정하고 있다.

CFD 투자자는 중개자나 시장조성자가 정한 담보금액을 유지해야 한다. 주요 보통주의 이론상 가치의 1~30%가 일반적이다. 돈을 걸 때 해당 가치의 일부만 있으면 되기 때문에 실제 주식을 보유하는 비용의 일부분만 들이면 거래할 수 있는 셈이다. 그러면 거래 준비가 된다. 지수로 거래할 경우 1:100이 나온다. 롱(매수)이나 숏(매도) 포지션이 가능하다. 그리고 선물계약과 다르게 차액결제거래는 만료일자, 표준 계약, 계약 규모가 정해져 있지 않다. 기초자산 시장처럼 롱 포지션은 계약 가치가 올랐을 때 이득이고, 숏 포지션은 가치가 떨어져야 이득이다.

계약의 롱 사이드에 일간 수수료가 붙는데, LIBOR 금리에 따라 합의로 정해진다(용어설명 참고). 이 제도는 2023년 6월 30일까지 단계적으로 폐지한 후 SOFR(Secured Overnight Financing Rate)로 대체할 전망이다. 그 전인 2021년 말까지는 영국 파운드화의 경우 잉글랜드 은행의 SONIA와 연계하게 된다. 거래하는 화폐에 따라서 상황이 다른데 미화달러로 표시된 파생상품과 대출은 SOFR, 그리고 유로화는 유럽중앙은행의 €STR와 연계한다고 한다. 증권에 대해 어떤 기준을 사용해도 계약 마무리가 늦어지면 큰 비용이 생길 수 있다.

원래 CFD에는 보통주에 대한 퍼센트(%) 수수료를 적용했다. 투자자는 시장조성자와 거래할 수 있는데, 상품에 대한 더 큰 입찰/제안(bid/offer) 스프레드 비용에 따라서 커미션을 포기한다. 계약을 통해서 단기교정에 대해 헤징을 할 수 있지만, 보통주 포지션(equity position)의 이른 매각과 연관된 비용과 세금은 발생하지 않는다. 보통주를 보유하게 되는 것이 아니라서 인지세 대상도 아니다.

이렇게 구성된 계약이 다 그렇듯이 원금만 손실에 노출되는 것은 아니다. 스톱 오더를 통해 리스크를 경감시킬 수 있다. 손절매(stop-loss) 오더가 추가로 1포인트 프리미엄을 포지션에 붙이고 그리고(또는) 거래에 증가 커미션이 붙는다. 손실 중단으로 출구를 만들어줄 수 있다. 예를 들면 300p에 구매하고 260p에 손실 중단이 적용될 경우, 손실 중단이 시작되면 CFD 제공자가 판매한다.

약 10주 미만의 기간에 사용하면 편리할 수 있다. 이 시점에 증권에 대한 비용을 파이낸싱(financing)이 능가하게 된다. 전문가는 지수 및 금리 거래에 대해 선물을 선호한다. 그리고 잘 숨겨져 있는데, BAE 시스템과 연결된 헤지펀드 그룹은 CFD로 Alvis의 15%가 넘는 규모를 얻을 수 있었고, 규제당국 경고도 필요하지 않았다.

Bloggins & Snooks plc의 주식 1,000주를 각 350p에 취득하려면 3,500파운드가 필요하다. CFD를 사용하고 5% 마진 거래를 한다면 초기 보증금 175파운드만 있으면 된다. 175파운드를 투자할 수 있고 350p에서 구매하고 370p에 판매하고 싶다고 가정해보자. 표준 거래는 다음과 같이 이뤄진다.

구매: 50 x 350p = 175파운드

판매: 50 x 370p = 185파운드

이익 = 10파운드 혹은 5.7%

기어링을 사용하면 다음과 같다.

구매: 1,000 x 350p = 175파운드 (5% 보증금) + 3,325파운드 (95% 빌린 자금)

판매: 1,000 x 370p = 3,700파운드

이익 = 200파운드 혹은 114%

기어링 이후 이익이 훨씬 크지만 손실도 비교적 증가한다.

옵션

옵션은 자산을 구매하거나 판매할 권리를 주지만 의무는 주지 않는다(자산 구매 시 콜 옵션, 자산 판매 시 풋 옵션이라는 용어를 사용한다). 거래 의무가 있는 선물과 다르다. 옵션 권리 행사 가격은 '스트라이크 가격(strike price)'이라고 하는데 거래 시작부터 명시된다. 유러피안 옵션에서 소유자는 만기일에 판매를 요구할 권리가 있지만 그 전에는 불가능하다. 아메리칸 옵션의 경우, 소유자는 만기일까지 언제든 판매를 요구할 수 있다.

풋 옵션을 행사할 때 주가가 많이 떨어진다면 투자자는 시장의 더 저렴한 주식을 사고 옵션으로 합의된 가격에 팔아 괜찮은 이익을 볼 수 있다. 콜 옵션도 기간 내 많이 오를 것이라면 유용하다. 그러나 계약일자가 도래했을 때 가격이 잘못된 방향으로 움직였다면 옵션을 행사하지 않기로 선택하면 된다. 옵션 권리 획득에 사용한 자료를 잃게 되지만 기초 자산을 팔고 사는 것보다 낫다.

이것도 포지션 헤징 방법이다. 8개월 내 집값을 지불하기 위해서 주식을 팔아야 한다고 생각해보자. 중간에 시장이 어려워질 것으로 보인다면, 대략적으로 오늘 가격에 풋 옵션을 사서 어느 정도 보호할 수도 있다. 시장에 존재하는 70곳 정도 되는 옵션 거래를 하는 기업 중 하나라면 만료 전 옵션을 팔 기회가 있다. 대부분의 파생상품처럼 만기 전에 거래 가능하다.

똑똑한 관찰자가 봤을 때, 문제적 분야의 기업이 전환을 겪을 것으로 보인다고 가정해보자. 회복 증권으로 놀라운 결과를 낳을 수 있다. 그런데 정말 똑똑한 관찰자라면 한번 의심해보고, 감에 너무 의존해서 투자하는 것에 주의한다. 이때 저렴한 방법이 콜옵션이다.

만약 Bathplug & Harbottle의 주식이 75p라면 앞으로 3개월 내 어느 시점이든 그 가격에 주식을 구매할 권리를 위해서 6p 정도 비용이 들 수 있다. 만약 기간 중에 주식이 전망대로 움직여 120p가 된다면 영리한 투자자는 구매하고 바로 39p의 이익을 보고 팔 수 있다. 걱정한 것이 옳았다면, 주식이 실패하고 더 떨어질 수도 있다. 75p가 아니라 6p만 잃는다.

반대의 시나리오도 마찬가지다. 확실하지는 않지만, 기업이 시장에서 많이 어려워질 수도 있다는 의심이 든다면 누군가는 풋 옵션을 살 수도 있다.

이러한 권리에도 가치가 있고, 기초 주식의 성과와 기간에 관련이 있다. 주로 ICE 유럽 선물거래소(ICE Futures Europe)에서 거래할 수 있다. 거래 옵션 시장은 1,000주에 해당하는 그리고 여러 만료 일자를 지닌 옵션 계약을 다룬다. 대략 70곳의 규모가 가장 큰 기업을 다루고, 시장에서 우세한 가격을 상회하는 경우도 있으며 하회하는 경우도 있다.

증권을 사거나 직접투자를 한다고 가정해보자. South Seas의 주식을 1주당 5파운드에 100주 구매할 경우 자본 결과는 직선형이다. 가격이 7.50파운드로 오른다면 250파운드를 버는 셈이다. 그러나 2.50파운드로 떨어진다면 250파운드를 잃는다. South Seas 1개월 콜 옵션을 스트라이크 가격 5파운드에 구매한다면 1개월 내 5파운드에 살 권리가 생긴다. 바로 500파운드를 내고 증권을 받는 것이 아니라 오늘은 70파운드의 비용만 내도 괜찮다. 주가가 1개월 내 7.50파운드로 오른다면 옵션을 행사해서 스트라이크 가격에 주식을 사고 팔면 180파운드라는 순이익을 얻는다. 만약 2.50파운드로 주가가 하락한다면 손실은 70파운드에 그친다. 옵션 기간 동안 주가가 10파운드로 오른다면 430파운드에 옵션을 팔 수 있다. 옵션은 탄력성이 있다.

·4·

워런트

보통 워런트라고 하면 보증하는 문서라고 생각하기 쉽다. 그러나 증권시장에서 워런트는 명시된 기업 주식을 고정된 가격에 구매할 권리를 주는 문서를 뜻한다. 주식 옵션과 비슷하게 거래 가능하고, 수명이 3년에서 10년 사이로 더 길다. 사실상 기업이 자기 증권으로 발행하는 콜옵션과 비슷하다. 기업은 행사가격(exercise price) 그리고 만기일을 명시한다. 가격은 전환가격과 이미 실제로 거래되는 주식의 일반적 가격을 둘 다 고려해서 정한다.

종종 워런트는 론 스톡과 발행해서 보통주 구매 권리를 제공하는데, 명시된 기간이 보통 존재하고, 미리 정해진 행사가격 또는 스트라이크 가격이 적용된다. 투자신탁이 발행하는 경우도 있다. 쉽게 정의 가능한 가치가 있기 때문에 워런트는 증권시장에서 거래되고, 가격은 기초 주식의 가치에 연동된다. 주식의 시장가격에서 권리 행사 가격을 차감한 가치를 지닌다.

이렇게 투자를 유도할 수 있다. 예를 들면, 주식이 100p고 워런트를 보통주로 전환하는 비용이 80p라고 해보자. 워런트의 적당한 가격은 20p다. 주가가 200p로 오른다면 워런트의 적합한 가격은 120p다. 주식으로 전환하는 80p의 비용은 차감한 것이다. 그 결과로 주가가 2배 오르면 워런트 가격은 6배 뛴다.

CW(covered warrant)는 다른 개념인데, 사실 '커버(covered)'는 버려진 지 오래다. 자산(주로 주식)을 고정된 가격(행사가격)에 명시된 일자(만료일)까지 사거나 팔 권리를 준다. 다양한 금융자산에 기초할 수 있는데, FTSE 100을 비롯한 지수, 주식, 금, 은, 통화 또는 오일을 비롯한 물자, 영국 부동산 시장도 가능하다. 다른 파생상품처럼 투기를 위해서, 시장 하락에 대한 헤징을 위해서, 또는 세금 관련 계획을 위해서 사용한다. 법인 워런트(corporate warrant)와는 다르다. 법인 워런트는 기업이 자금을 모집하기 위해서 발행하는데, CW는 은행이나 다른 금융기관이 순전히 거래 상품으로 발행한다는 점이 차이점이다. CW는 아메리칸 워런트(만료 전 언제든 행사) 또는 유러피안 워런트(명시된 일자에만 행사)가 있으나, 대부분은 구매하고 만료 전 발행인에게 다시 판다. 만료일까지 워런트를 보유한다면 자동으로 다시 현금으로 사게 되고, 발행인은 행사 가격과 기초 증권 가격의 차이를 지불한다.

영국 등 여러 국가에서 500가지가 넘는 워런트 및 인증서를 한 주식과 지수에 대해서 제공하는 발행인들이 있다. 이들은 글로벌 메이저 투자은행으로, 워런트의 구매가격(입찰, bid)과 판매가격(제안, offer)을 갖추고 있다. 주식과 동일하게 시장 운영시간에 가격이 존재한다. 보통주 거래처럼 투자자는 증권중개인, 은행, 혹은 금융 어드바이저를 통해 거래한다. 영국은 2002년에 출범했고 이제는 70명 이상의 거래 브로커를 찾아볼 수 있다. 독일은 3년 빠르게 1989년 CW 시장을 시작했다.

CW는 기초 증권에 비해서 비용이 덜 든다. '기어링'이 들어가는데, 기초 자산 가격이 움직이면 워런트 가격도 더 움직인다. 그렇기 때문에 기초 자산을 사는 것보다 리스크가 있다. 상대적으로 지출이 적고 경제적 노출은 커서 워런트는 변동성이 있다. 수익이 높을 수도 있지만 기초 증권이 구매 가격보다 하락한다면 워런트 가격을 완전히 비용으로 지출할 수도 있다(혼란스럽지만 '프리미엄'이라고 부른다). 그리고 워런트는 수명이 제한적이고 만료일이 가까워질수록 가치가 떨어지는 경향이 있다.

CW를 사용해서 기초 자산 등락에 돈을 걸 때, '콜'은 상향 움직임에 걸고 '풋'은 하향 움직임에 건다. 대부분 잃더라도 워런트 비용만큼 잃는다. CW는 옵션과 비슷하지만 증권거래소에서 자유롭게 거래된다. 증권화가 이뤄진 셈이다. 그래서 평범한 일반 투자자가 증권중개인을 통해 쉽게 사고 팔 수 있다.

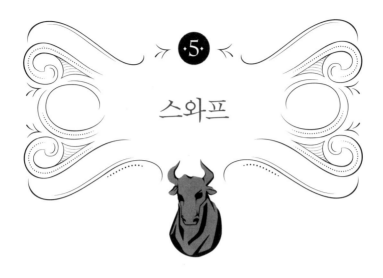

스와프

스와프는 명시된 미래 일자 또는 그 이전에 현금흐름을 교환하는 계약으로, 통화/환율, 채권/이자율, 물품, 증권, 또는 다른 자산의 기초 가치에 근거한다. 금리 스와프는 은행 스와프 활동의 대부분을 차지하며, 고정변동금리(fixed-for-floating-rate) 스와프가 가장 흔하다. 계약에서 한쪽이 고정 이자를 지급하고, 반대쪽은 변동 이자를 지급하며, 지급 계산은 '개념상의 금액(notional amount)'라고 칭하는 가상의 원금에 근거한다. 스와프, 선도금리계약, 변형(이종) 옵션은 장내파생상품(exchange-traded derivative)과 다르게 거의 항상 프라이빗한 특성(표준화되지 않고 장외시장에서 거래된다._옮긴이)을 띤다.

·6·
커브글로벌
(CurveGlobal)

런던 증권거래소, 시카고 옵션거래소, 그리고 주요 은행 투자 고객은 커브글로벌이라는 시장을 만들어냈다. 금리 파생상품(interest rate derivative)을 위한 시장으로 시장 비용이 없다. 하지만 복잡한 시장이라서 소규모 투자자는 거의 진입할 수 없다. 게다가 다루는 금액도 상당히 크다.

· 6장 ·

전문가
비법

How the stock
market
works

시장 순수주의자에 따르면 기업 평가 방법은 기본적으로 두 가지 존재한다. 근본적 분석과 기술적 분석이다. 실제로 보면, 전자는 어떤 주식을 살지 결정할 때 좋고 후자는 언제 살지 결정할 때 좋다.

근본적 분석은 기업의 모든 것을 평가한다. 유감스럽게도 알아야 할 것은 너무 많다. 제품/서비스의 질, 기업 소비자 현황, 매출을 차지하는 소비자의 비율, 경쟁, 이사회 및 경영진 능력, 재무상태 및 약점, 의존하는 시장의 크기, 경기 순환, 환율, 노사관계를 비롯한 정보를 알아 두는 것이 바람직하다.

2장에서 기본적인 방법과 접근법을 다뤘다. 그런데 시장 전문가들은 기업의 여건과 배경을 더 자세히 알아보는 도구가 있다. 기업의 기초적 가치를 결정하기 위한 근거가 있고, 시장이 어떻게 달라지는지 살펴본다.

기업의 현재 가치나 미래 가치를 정해주는 간단한 방법은 없다. 경우에 따라서, 몇몇 기업가치 계산 방법은 때로 도움이 된다. 대부분 도움이 되는 것도 있다. 그렇지만 항상 특정 기업에 대해 명확히 알려주는 계산 방법은 없다. 산업마다 결제 방식, 재고 회전율, 자본 수요, 연구에 대한 수요가 다르다. 그래서 일반적인 상황을 확인하고 해당 기업이 얼마나 일반적인 기준에 가까운지 알아보는 것이 좋다. 증권중개인, 업계 단체, 그리고 정부에서 진행한 연구가 필요해질 수 있다.

제일 신뢰할 만한 지수가 무엇인지에 대한 의견은 변하기 마련이다. 기업을 측정할 때 하나의 기준을 사용하면 전체 그림이 흐려질 수밖에 없다. 예를 들어, 배당수익률을 통해 가치를 살펴보면 기업 순위도 그것을 기준으로 보게 된다. 하지만 현명한 투자자라면 다른 요인도 살펴봐야 하고, 시장이 가치를 맞게 평가했는지 검토해야 한다.

많은 비율은 계산하기 쉽지 않다. 값을 구하려면 노력이 필요하다. 대부분은 기업 연간보고서 및 회계정보에서 찾는다. 정보 읽는 법을 알려주는 7장 가이던스를 참고하자.

여기서 언급하는 비율은 가장 흔히 사용되며 도움이 된다고 여겨지는 내용이다. 전문가들은 다른 계산, 지수, 비율도 유용하게 쓴다. 이런 정보가 도움이 될 수 있지만, 어떤 지수가 개인적으로 도움을 주는지는 경험을 통해서 배운다. 경험이 풍부한 투자자들은 여러 서적을 읽고 계산 방법과 증권시장의 복잡한 모델을 사용하는 방법을 살펴본다.

근본적 분석

2장에서는 기업과 그 배경 및 여건에 대해 조사하는 이유를 살펴보고, 어떻게 투자자에게 이득을 주는지 설명했다. 전체적인 감 그리고 통계에 대한 간단한 검토를 사용하며, 전문가들은 여러 가지 기법과 계산을 사용한다. 왜 기업이 일반적인 관점과 비교해서 더 나은지, 아니면 반대인지 정확하게 아는 데 도움이 된다. 아래 알파벳 순서로 나열되어 있다.

산성시험(Acid test)

산성시험은 '당좌비율(quick ratio)'이라고도 하며, 대차대조표를 보면 알 수 있다. 기업이 부실 상태인지 알아보는 방법인데, 단기부채를 감당할 만한 유동자산이나 현금화 가능한 자산이 있는지 살펴본다. 그리고 현재 채권자 상황과 비교한다.

　유동자산에서 증권을 차감하고(순 화폐성 자산) 유동부채로 나누어야 한다. 결과값이 1 미만이라면 즉시 모든 부채를 감당할 수 없는 상태이며 위험하다고 볼 수 있다. 2는 보다 안전하다. 과거 회계정보를 확인하고 등락이 많았는지 살펴보는 것도 좋다.

　이 방법은 순유동자산 및 유동비율 방법보다 낫다. 모든 유동자산이 갑자기 급전이 필요할 경우 현금화될 수는 없다는 것을 가정하기 때문이다. 예를 들면 증권이나 현재진행형인 업무는 현금으로 전환하기까지 시간이 걸린다. 당장은 푼돈밖에 되지 못할 수도 있다. 그리고 증권을 모두 유동자산으로 바꾸어 밀린 돈을 갚으려는 기업은 거의 없을 것이다. 그러므로 산성시험은 기업이 부채를 감당할 수 있는지 알아보기 위한 보다 현실적인 방법이다.

알트만 Z 스코어(Altman Z-score)

　알트만 Z 스코어는 1968년 뉴욕대학교에서 재무 분야 교수인 에드워드 알트만이 개발한 스코어(투자 기법)로, 앞으로 2년 내 기업 부실가능성을 예측하는 방법이다. 기업이 부채를 갚을 능력이 있는지 살펴보면서 부실가능성을 예측한다. 알트만은 100만 달러를 넘는 자산을 가진 66곳의 제조기업을 대상으로 연구를 진행했는데, 그중 절반이 파산했다. 한 번의 테스트로 2년 내 파산할 기업 중 72%를 맞게 예측했다. Z 스코어는 기업이 부실해지면서 일관적으로 하향선을 그리는 모습을 보여준다.

알트만은 다섯 가지 비율에 다른 가중치를 두었다.

1. 운전자본비율 (유동자산−유동부채)/자산총계 × 1.2

2. 이익잉여금/자산총계 × 1.4

3. 영업이익/자산총계 × 3.3

4. 자기자본의 시장가치/부채총계 × 0.6

5. 매출액/자산총계 × 0.999

결과값은 −4와 +8 사이에서 나온다. 합하면 Z 스코어가 완성된다. 다음 방정식으로도 나타낼 수 있다.

$$Z \text{ 스코어} = \frac{1.2a + 1.4b + 3.3c + d}{e} + \frac{0.6f}{g}$$

이때,

a = 운전자본비율

b = 이익잉여금

c = 영업이익

d = 매출액

e = 자산총계

f = 순가치

g = 부채총계

1.8 이하	향후 2년 내 부실 가능성 매우 높음
1.8 - 2.7	부실 가능성 높음
2.7 - 3.0	부실 가능
3.0 이상	향후 2년 내 부실 가능성 낮음

어떤 기업이 일괄적으로 낮은 점수를 유지한다면 일회성 부진을 겪은 기업보다 더 많이 걱정해야 한다.

자산 유동화(Asset backing)

순자산가치의 개념을 참고하라.

베타(Beta)

이 장에서 다루는 계산방법 중 기업 회계정보에 기초하지 않은 개념은 별로 없다. 그중 하나인데, 나머지 증권시장과 관련된 주가 변동성을 측정하는 데 쓰인다. 리스크 여부 및 필요할 때 돈을 가져올 수 있는지 알아보는 방법이다. 베타는 개인 주식이 전반적인 시장에 비해 어떻게 움직이는지 측정한다.

시장은 베타가 1이다. 주식 베타가 1이라면 시장과 동일하게 움직인다는 뜻이다. 베타가 1.6이면 시장이 10% 움직일 때 주식은 16% 움직인다. 베타가 높을수록 시장 상태가 좋으면 주가가 평균보다 빠르게 상승한다. 하지만 시장 상태가 나쁘면 더 가파르게 하락한다. 이는 소기업의 특징이기도 하다.

반대로 주식 베타가 1 미만이라면 어떨까? 0.8의 베타를 갖는 주식은 시장보다 등락이 적다. 베타값이 음수인 경우는 흔치 않지만, 나머지 주식과 반대 방향으로 움직이게 된다.

이 접근법은 투자자 행동에 대한 복잡한 수학 이론에 근거한다. 자본 자산가격결정모델(capital asset price model)에서 나오는데, 투자자는 개별 주식 리스크를 정할 수 있고, 포트폴리오를 다변화하여 리스크를 줄이기로 할 수 있다. 그렇다고 시장 리스크가 사라지지는 않는다. 주식은 시장의 등락에 따라 움직인다. 리스크는 베타로 측정하며, 투자자는 베타가 높은 주식 혹은 포트폴리오에 대해 보상적으로 더 높은 수익을 추구하게 된다.

투자자가 리스크 수준을 선택하고, 보상적으로 수익이 더 큰지 확인할 수 있다는 장점이 있다. 베타 리스크를 통해 본 것보다 수익이 높은 주식의 시장 비효율을 잡아낼 수 있다.

배율(Cover)

배당 배율의 개념을 참고하라.

유동비율(Current ratio)

기업이 단기적으로 돈을 낼 수 있는지 평가하는 방법 중 하나는 현금 보유량과 즉시 현금화 가능한 내역을 살펴보는 것이다. 유동자산을 유동부채로 나누면 알 수 있다. 결과값이 1이라면 두 값이 동일하므로 기업이 가진 여분의 자금은 없다. 최소 1.5 혹은 2 정도는 되어야 안심할 수 있다.

반면 값이 높다면 기업이 너무 증권이 많다는 뜻이 될 수도 있다. 아니면 자산을 현금으로 보유하고 있다는 뜻인데, 사업보다 돈을 빌려주는 것으로 수익을 더 많이 보고 있을지도 모르고 실제 활동을 늘리지 못하는 것일지도 모른다. 어쨌든 걱정할 만한 상황이고, 인수 표적이 되기도 쉽다. 업계 전반적인 상황이 어떠한지 확인하는 것도 중요하다.

채권 회수(Debt collection)

고객 신용판매를 받아들이면 대금 지불 전까지 기업의 자본이 묶일 수 있기에 비용이 든다. 채권 회수가 즉시 이뤄진다면 기업 경영 상태가 좋다는 뜻도 된다. 확인하려면 회수에 평균적으로 소요되는 기간이 며칠인지 확인할 수 있다. 외상매출금(trade debtor)을 총 매출로 나누고 결과에 365를 곱하면 알 수 있다.

채무자 회전율(Debtor turnover)은 채무자 연간 회전율을 나타내는 측정 기준이다. 기업이 고객으로부터 돈을 얼마나 효율적으로 받는지 측정하는 좋은 방법이며, 무척 간단하다. 매출을 연말 부채의 금액으로 나누면 된다.

부채 / 자기자본 비율(Debt/equity ratio)

기어링의 개념을 참고하라.

배당배율(Dividend cover)

기업의 수입 중 주주에게 지급되는 비율을 보여준다. 기업의 세금 적용 이후 배당금이 순이익의 얼마를 차지하는지 측정한다(배당성향의 역수_옮긴이). 비율이 3 이상이라면 굉장히 보수적 기업이고, 2 이상이라면 꽤 안전하다(원했다면 배당금을 최소 두 배 지급할 수 있었다). 그런데 1.5 아래는 문제가 있어 보인다. 1이라면 모든 수입이 주주에게 간다는 뜻이다. 1보다 아래라면 전년 잉여금을 가지고 지급했다는 뜻이다.

만약 윈도울리지(Windowledge plc)라는 기업이 1주당 4p의 배당금을 지급하고, 주당 수입은 12p였다면 배당금의 비율은 3이 된다. 이익의 상당 부분을 보유하고 있는 셈이다. 수익률이 높고 배율은 낮다면 시장이 기업의 지급 능력에 대해 우려하게 된다. 업계마다 필요 현금의 양은 다르다. 그래서 분야 내에서 비교가 이뤄져야 한다.

배당수익률(Dividend yield)

배당수익률은 주식당 배당금의 액수를 뜻하며, 주가의 퍼센트(%)로 나타낸다(보통 세금 적용 이후). 현재 주가와 현재 기업의 지급 속도에 따른 투자 수익률을 알 수 있다. P/E 비율처럼 기존 값에 근거할 수 있는데, 가장 최근에 나온 배당금을 살펴본다. 혹은 다음 배당금에 대한 전망치를 사용할 수 있다. 만약 윈도울리지라는 기업이 4p의 배당금을 지급하고 주가는 390p라면 이 수익률은 1% 정도로 미미하다.

절대적으로 낮은 수치인 것은 맞지만 해당 분야의 다른 기업 주식의 수익률과 비교해야 한다. 후술하는 P/E 비율처럼 경쟁기업과 비교해야 시장이 해당 기업을 어떻게 바라보는지 알 수 있다. 수익률은 주가로 결정되므로, 해당 기업 수익률이 최하위권이라면 투자자는 앞으로 많은 개선을 기대할 것이다.

반대로, 수익률이 높고 주가는 낮다면 문제가 발생할지도 모른다. 최소 배당금이 줄어들 수 있다. 반복하지만, 예상이 얼마나 맞는지 알아보기 위해서는 추가적인 노력이 필수적이다.

경제적 해자(Economic moat)

시장 분야에 대한 적당한 통제력을 갖췄다면 경쟁에서 우위를 점할 수 있다. 시장에 새롭게 진입하는 경쟁자가 낮은 마진을 취하게 하거나, 시장 접근을 어렵게 만들 수 있기 때문이다. 경제적 해자의 형태는 다양하다. 대기업은 규모의 경제로 대량구매를 통해 비용을 낮출 수 있다. 일부 기업은 영업비밀을 가졌다(예: 코카콜라). 강력하고 인기 많은 브랜드는 마진이 높다(예: 애플). 이 기준을 볼 때 경영 능력은 보통 고려하지 않는데, 사실은 들어가야 맞다. 익숙하지 않은 낯선 시장에는 접근하기 어렵다. 기존 제품과의 차별화와 호환성 문제(교체 가능한 렌즈 카메라가 시장점유율을 갈라놓은 사례도 있다. 예: VHS 대 베타맥스). 특허, 상표, 저작권 및 규제를 비롯한 IP 보호도 존재한다. 여기 은행, 유틸리티, 교통 부문의 사례를 살펴볼 수 있다.

직원 효율(Employee efficiency)

임금을 매출로 나누고 100을 곱하면 직원 비용과 매출의 비율을 알 수 있다. 이 수치는 업계에 따라 다르다. 자본 집약적 사업과 노동 집약적 사업을 비교하는 것은 온당치 않다.

기어링(Gearing, 레버리지)

단기적으로 돈을 많이 빌리면 기업은 취약해진다. 특히 불경기에는 심하다. 금리라도 오르면 갑자기 자원이 동날 수도 있다. 돈이 있든 없든 일단 빌린 돈에 대한 이자는 지불해야 하니 말이다. 이자를 지불할 수 없다면 채권자가 돈을 받지 못하고 기업이 무너지게 할 수도 있다. 은행 당좌대월을 갚아야 하고, 경기가 좋지 않다면 기업이 망하는 경우도 있다. 대출은 언젠가 상환해야 하지만 주식은 이런 문제가 없다. 경기가 좋지 않으면 처벌받지 않고 배당금 지급을 '패스'할 수 있다. 주가가 떨어질지는 몰라도 기업이 망하는 상황은 막게 된다.

대출이 불가피한 상황도 있다. 세금을 고려하면 주식발행보다 자본을 모으는 더 효율적인 방법이 될 수도 있다. 대출 규모 자체가 문제는 아니다. 기업의 가치와 대출 규모의 관계를 살펴보아야 한다.

기업이 빌린 돈과 주주의 돈(보통주)의 비율을 기어링이라고 한다. 미국식 영어로는 레버리지라고 알려져 있다. 기어링이 높으면 보통주에 비해 빌린 돈이 많다는 뜻이다. 즉, 기업 상황이 좋지 않고 리스크가 높다. 이 수치가 높은 기업의 주주는 경기가 좋으면 성공하는 경향이 있다.

해석하는 방법은 다양하다. 가장 간단하게, 빌린 돈을 주주의 자금과 비교해볼 수 있다. 기업을 평가하는 가장 기초적인 방법이기도 하다. 리스크가 얼마나 큰지 계산할 수도 있다(기어링은 리스크 측정에 쓰일 수 있다). 이때, 비교적 덜 중요한 구성요소는 제외된다. 예를 들면 단기부채는 제외할 수 있다. 기초 부채와는 다르게 일상적인 기업 운영상 발생하는 부채이기 때문이다. 상표를 비롯한 무형자산은 제외하는 사람들도 있다. 처리하기 쉽지 않기 때문이다. 우선주를 주주 자금에서 제외하는 경우도 있다.

모멘텀(Momentum)

거래주식 가격 또는 규모의 변화의 속도가 붙는 모습을 통해 일반적인 관점과 흐름을 볼 수 있다. 과매수나 과매도 상태가 될 때까지 살펴보면서 이익을 볼 수 있다. 너무 열정적으로 거래가 이뤄져 지나친 수준까지 도달하면 반응이 나타날 것이다.

순자산가치(Net asset value)

기업을 판단하는 방법 중 하나는 최악의 시나리오를 가정하는 것이다. 최악의 사태가 닥치면 기업 가치는 어떻게 될까? 확인하려면 기업이 소유한 모든 자산의 가치를 확인하라. 만약 기업이 소유한 것을 모두 매각해야 하는 상황에 놓인다면 장부가치로 팔리지는 않을 것이다. 급매로 내놓은 매물이 제대로 값을 받는 일은 별로 없기 때문이다.

순자산가치는 NAV라고 하는데, 먼저 대차대조표에 나오는 기업의 모든 자산의 장부가치를 더한다(건물, 기계, 은행에 맡긴 현금, 투자 등). 그 다음 모든 부채를 뺀다(지불하지 않은 요금, 대출 등). 그리고 차입 증명서, 론 스톡, 우선주를 비롯한 모든 자본 차입 비용(capital charges)을 뺀다. 남은 값은 기업 내 주주의 보통주, 또는 기업의 순가치라고 할 수 있다. 이 값은 발행 보통주의 수로 나누면 주당 순자산가치를 알 수 있다.

주가와 비교해서 신탁이 디스카운트(discount) 상태인지 프리미엄 (premium) 상태인지 확인할 수 있기에 투자신탁을 직접적으로 측정할 수 있다. 산업 분야에서 자산의 장부가치가 항상 시장에서의 가치와 동일하지는 않다. 그래서 주식에 각각 해당하는 가치를 대략적으로 볼 수 있다. 실제 투자를 할 때 자주 고려하는 개념이나 가이드는 아니지만, 기억해둘 만한 지표다. 주가보다 순자산이 20% 높다면 인수의 표적이 되기 좋다. 인수 오퍼가 온다면 주주는 측정법을 통해 제안 가격이 공정한지 알아볼 수 있다.

순유동자산(Net current asset)

지금까지 계산은 총 순자산에 근거했다. 순유동자산은 보다 좁은 의미를 지닌다. 주로 현금, 현금화 가능한 대상, 그리고 1년 내 지급될 것으로 보이는 빌려간 돈을 의미한다. 주당 순유동자산이 주가보다 훨씬 높으면 인수하기 상당히 좋아 보이는 기업이라고 한다. 이익에 대한 걱정이나 의심이 최소화되는데, 그 이유는 장기 자산이 장부가치를 가지고 있는지 걱정할 필요 없이 매각할 수 있는 부분이 있기 때문이다. 그러므로 주식을 매수할 가치가 있다. 새로운 경영진이나 외부 구매자가 자산을 통해 일을 할 수도 있고, 아니면 기업이 파산해도 채권자 및 주주에게 지급할 돈이 충분할 것이다.

기업의 유동부채(부채 및 미지급 요금)를 유동자산에서 차감하면 단기적으로 기업의 지급능력을 알 수 있다. 두 가지 모두 회계정보에서 얻을 수 있다. 잉여가 크게 남는다면 기업은 여분의 현금 또는 현금에 가까운 자산이 많기 때문에 곧 부채를 갚을 수 있고, 필요할 경우 추가적 크레 딧도 많다. 그런데 잉여가 남지 않고 오히려 부족하거나 0에 가깝다면 조심해야 한다. 유동비율(current ratio)의 개념을 참고하라.

P/E 비율(Price/earnings ratio)

기업 가치를 평가할 때 먼저 이익부터 살펴보면 좋다. 전문가들은 이 익과 주가를 먼저 비교한다. P/E 비율이라고 줄여 표기하는 주가수익 비율은 신문 주식 페이지에 등장할 정도로 광범위하게 쓰이는 개념이 다. 기업이 현재 수준의 수입을 유지한다면 시장가치(모든 주식의 가격)를 달성하기까지 몇 년이 소요될지 측정하는 기준이 된다. 사실상 기업이 앞으로 1~2년 내 얼마나 성장할지에 대한 시장의 생각을 보여준다.

값을 구하려면 먼저 주가를 주당순이익으로 나눠야 한다. 예를 들어 윈도울리지 홀딩스 인터내셔널(Windowledge Holdings International)이 라는 기업이 7,000만 주를 발행하고 840만 파운드를 벌어들였다면, 주 당순이익은 840만 파운드를 7,000만 주로 나눈 값이다. 즉, 12p가 나 온다. 실제 계산은 조금 더 복잡하다. 왜냐하면 이익을 여러 가지 방법 으로 정의할 수 있기 때문이다. 주가가 390p라면 P/E 비율은 390/12 이므로 32.5라는 값이 나온다. 사실상 현재 수준의 이익을 벌어들인다 면 현재 주식 가격을 감당하기 위해 32.5년이 걸린다는 의미다. 이것이 역사적 P/E의 개념으로, 가장 최근 벌어들인 이익을 가지고 구한다. 금년 이익에 대한 전망으로 PER을 계산한 수치는 '선행 멀티플(forward multiple)'이라고 한다.

32.5년이라는 긴 기간으로 짐작하자면, 무언가 다른 일이 진행 중이다. 비현실적인 값이 나오는 이유는 투자자가 해당 기업이 현재 수준의 이익을 유지하는 것이 아니라 더 빠르게 성장할 것이라 믿기 때문이다. 현재 주가를 뛰어넘기 위해 소요되는 시간은 실제 32.5년보다 훨씬 짧을 가능성이 높다.

상대적으로 P/E가 높다면 성장이 빠를 것이라 추정하기도 하는데, 여기서 키워드는 '상대적으로'다. P/E가 가진 진정한 효용은 시장 전체(FTSE 올쉐어 지수 P/E)나 산업 전체(예: 유틸리티, 물류, 레저산업)의 P/E와 비교함으로써 나타난다. 기업이 어떻게 비교되는지 혹은 어떤 이미지를 가졌는지 알 수 있다. 비율은 결국 상대적인 리스크의 지표로서 가장 유용하다.

그러므로 P/E는 증권시장이 기업 전망을 어떻게 보는지 알려준다. 그 후에는 당연히 이유를 파헤쳐야 한다. 만약 동종 산업 내에서 P/E가 상대적으로 높다면, 그 이유는 무엇일까? 해당 기업이 유행을 주도하는 것일까(기자들이 경영진을 칭찬하기도 한다)? 비교 대상인 기업에 비해 정말 두 배 빠르게 성장할까? 입찰을 비롯한 관련 소문에 의한 결과일지도 모른다.

P/E가 낮다면 투자자들이 무관심하거나 좋지 않게 생각한다는 뜻이다. 실제로 상황이 나쁜 건지, 아니면 나중에 알고 보니 아닌지는 고민이 필요한 문제다. P/E가 업계 평균에 비해 높거나 낮다는 사실은 남들

이 어떻게 생각하는지 알려줄 뿐이다. 실제로 그 사람들의 예상이 옳다는 보장은 없다. 공정한 평가를 내린 것인지 알아보기 위해 따로 분류해서 가치를 확인해야 하는 경우도 있다. 생명보험이나 부동산 기업은 특히 평가가 쉽지 않다.

또한 P/E가 과거 자료인지 주시해야 한다. 즉, 가장 최근에 발간된 결과를 사용한 값인지 확인해야 한다. 신문의 가격에서 나오는 값이 여기 해당한다. 아니면 금년 회계연도의 예상치를 사용하는 미래 값인지 확인해야 한다. 일부 중개인과 정보 제공자의 안내문에서 이 값을 사용한다.

이익마진(Profit margin)

기업 거래의 기초 수익성을 알아보기 위해서 거래 혹은 영업이익을 매출의(turnover) 퍼센트(%)로 찾아볼 수 있다. 이 값은 이익마진이라고 칭하며, 거래나 분야별로 상이하다.

당좌비율(Quick ratio)

산성시험의 개념을 참고하라.

자본이익률(Return on capital employed)

기업은 결국 이익을 낼 수 있어야 한다. 주식을 팔거나 돈을 빌리는 이유도 이익을 늘리기 위해서다. 기업의 성공 여부는 얼마나 잘되는지에 달려 있는데, 자본이익률은 기업이 장기적으로 현금을 얼마나 효율적으로 사용하는지 따져보는 기준이다.

자본이익률을 구하려면 거래이익(예외 항목, 이자, 세금 이전)을 기간 내 사용한 평균 자본으로 나눠야 한다(주주 자금 및 대출). 결과를 100으로 곱하라. 최소한 이익률이 10%는 되어야 하며, 20% 정도라면 꽤 괜찮다고 간주한다. 자본이익률이 낮다면 현금을 비효율적으로 사용하고 있다는 뜻이다. 이익마진이 높더라도 그렇다. 이자비용보다 높은 이익률이 나오는지 먼저 확인해야 한다. 현금에 대한 이익률이 기업이나 투자자가 자금으로 할 수 있는 다른 일에 비교하면 어떤지 살펴봐야 한다.

흔히 사용되는 기준은 다음과 같다. 국채를 비롯한 안전한 투자를 했다면 수익률이 어느 정도였을까? 이런 투자로 얻는 수익률이 기업의 수익률과 비슷한 수준이라면 문제가 있는 것이다. 사업처럼 위험한 일에 돈을 투자한다면 '리스크 프리미엄'이 붙어야만 한다. 국채 수익률이 기업의 이익률보다 최소 5% 더 낮다면 합당한 투자가 이뤄진 것이다. 투자자들은 국채 수익률보다는 최소 7~8%가 넘는 이익을 선호한다.

매출수익률(Return on sales)

매출수익률은 이익마진을 알려주는 역할을 한다. 이자와 특별 항목을 계산하기 전의 세전이익을 전체 매출로 나누고, 100으로 곱해서 구한다.

직원당 수익률(Return per employee)

직원당 수익률은 기업이 근로자를 얼마나 효율적으로 사용하는지 나타낸다. 영업이익을 직원의 수로 나누어 구한다.

주주 수익률(Return to shareholder)

주주 수익률은 발간되는 회계정보를 통해 구하지 않는데, 흔치 않은 경우라 할 수 있다. 기간 동안 보통주(equity)의 전체적 실적을 볼 수 있다. 기간은 1년 등으로 설정할 수 있다. 주가 변동(기간 마무리 주가에서 시작 주가를 뺀 값)에 배당금, 배당금에 대한 미수이자를 더하고, 기간 시작 당시 가격의 퍼센트(%) 비율로 나타낸다.

예를 들어 설명하겠다. 올해 520p로 시작한 주식이 연말에는 670p였다고 가정해보자. 1년 동안 기업은 중간 배당금 40p 그리고 최종 배당금 50p를 지급했다. 이자율은 약 6%였다. 그러면 주가 혜택은 1.50파운드, 전체 배당금은 90p가 된다. 중간 배당금으로 인한 이자는 1.2p고 최종 배당금으로 이자수익을 얻을 시간은 없었다고 가정하자. 그러면 여기서 얻는 이득 1.50파운드+90p+1.2p=241.2p를 520p라는 시작 가격으로 나누면 0.46이므로 수익률은 46%를 살짝 상회하는 수준이다. 나쁘지 않지만 사실 이 수치는 개념상의 이익일 뿐이다. 왜냐하면 주식을 팔아야 얻는 이익이고, 실제 주식 매도에는 수수료가 붙기에 수익이 줄어들게 될 것이다.

재고 회전율(Stock turnover)

매출원가를 연말 재고로 나누어 구한다.

부가가치(Value added)

90년대 나온 개념으로, 기업이 주주 투자의 가치를 얼마나 증가시켰는지 나타낸다.

수익률(Yield)

배당수익률의 개념을 참고하라.

기술적 분석

보통 근본적 분석에 반대되는 개념은 '차트주의(chartism)' 또는 기술적 분석이라고 칭한다. 최근 주가의 움직임을 통해서 미래 움직임을 예측한다. 차트주의 신봉자는 집, 항공티켓, 골드바, FTSE 100 같은 지수, 혹은 은행 주식에 대한 차트인지도 묻지 않는다. 모든 정보는 움직임의 패턴에 있다고 생각하기 때문이다.

근본적 분석과는 반대인데, 기업과 성과의 기초 가치를 무시하기 때문이다. 기술적 분석은 기업이 효율적으로 경영되는지 신경 쓰지 않는다. 언제 시장 가격이 변할지 살펴본다. 그래도 어떤 주가가 다른 방향으로 움직이는지 알려주며 적극적 트레이더에게 자극이 될 수 있다. 주식 종류보다 거래 시점을 살펴본다. 9장에서 보다 상세히 안내하겠다.

· 7장 ·

정보를
어디서
찾는가

How the stock
market
works

"거래소에서 돈을 버는 방법은 지나치게 빨리 파는 것이다."

_ 네이선 로스차일드

"시장 진입은 차가운 물에 들어가는 것처럼 생각해야 한다. 들어갈 때도 나갈 때도 빠르게 가라."

_ 살로몬 로스차일드

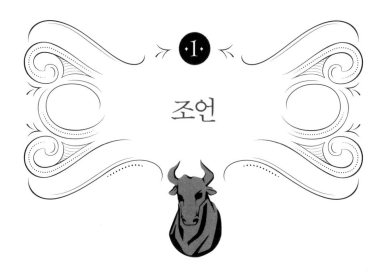

조언

조언이 없어서 문제는 아니다. 사실 조언은 너무 많은데, 누구를 믿어야 할지 모르는 것이 문제다. 정말 간단하게 설명하자면, 그 누구도 아니다. 왼쪽 페이지의 문구처럼 두루뭉술한 조언도 들어야 한다. 그리고 티모시 뱅크로프트의 정책과 일맥상통하는 워런 버핏의 조언도 귀담아 듣자.

'좋은 증권을 사고, 한켠에 치운 다음 잊어라.'

돈을 내는 것도, 선택을 하는 것도 나 자신이고 남을 탓할 수는 없다. 그런데 사실 조언도 정보도 많고, 서로 상충되는 내용도 많다. 그래도 유용한 방법은 있을 것이다.

2장에서 설명했지만, 출판사를 잘 찾으면 누구든지 이론, 시스템, 공식, 또는 설명을 책으로 낼 수 있다. 많은 서점에서 완벽한 조언을 준다고 말하는 책을 무수히 판매하고 있다. 큰돈을 버는 것이 쉬운 일처럼 보인다.

개별 주식은 어떨까? 이렇게 생각해보자. 자기 돈을 벌지 않고 남이 돈을 벌 수 있게 하는 자선사업가가 어디 있다는 말인가? 기자들이 정말 주식거래에 대해서 잘 안다면, 카리브 해변가에서 쉬고 있겠지 컴퓨터 앞에서 씨름하고 있겠는가? 《증권거래소 끝장내기》, 《이기는 주식 고르는 방법》, 《쭉쭉 올라가는 주식 선별 방법》 이런 종류의 책을 쓴 사람들은 왜 본인이 거래를 해서 돈을 벌지 않고 글을 쓰고 있다는 말인가? 정말 거래의 달인이라면 왜 비법을 공개하는 걸까? 공개해 버리면 독자들이 주식을 사들여서 정작 자신이 사려던 주식 값이 오를지도 모르는데.

모든 조언은 회의적으로 바라볼 필요가 있다. 내 조언도 마찬가지다. 과거 증권거래소에서는 "팁이 있으면 탭(tap)도 있다"는 말이 있었다. 누군가 내게 주식 매수를 하도록 설득한다면 그럴 만한 동기가 있다는 뜻이다. 어쩌면 해당 기업의 주식을 이미 가지고 있는 사람일지도 모른다.

패배주의자가 되어야 한다는 건 아니고, 모든 조언을 거부해야 한다는 뜻도 아니다. 그 누구도 항상 옳지는 않다는 말을 하고 싶다. 믿을 수 없는 사람들도 있다. 결국 결정은 투자자의 것이다. 그 누구도 탓하거나 핑계를 댈 수 없고 결국 선택은 내가 한다.

금융 관련 조언을 제공하는 사람들에게도 회의적인 태도가 필요하다. 이런 사람들의 조언은 편파적이지 않지만, 항상 최고의 조언이나 제일 적합한 조언이라 할 수도 없다. 증권중개인에게는 더욱 회의적인 태도가 필요하다. 왜냐하면 거래에 따라 커미션이 있어서 거래에 대한 동기가 있기 때문이다. 대부분의 분석가들은 영리하기는 하지만 실무 경험은 없다. 기업에 대한 숫자를 이해하고, 대표와 재무 담당자를 만나고, 심지어 공장에 직접 방문하는 분석가도 있지만 실무에 대한 감이 없는 것이다. 이 사람들은 증권시장을 이해하는 사람들이다. 그래서 평범한 투자자보다 감이 좋고 시티와 기관투자자가 기업과 성과에 어떻게 반응할지 안다. 주가에 영향을 주는 사람들이기에 정보는 소중하다. 그 가치는 시장에 대한 것이지 개별 기업이나 전략에 대한 것이 아니다.

증권중개인은 연간 보고서를 공부하고 기업에 대한 분석 보고서를 발행하지만, 소규모 투자자는 이런 문서를 받는 경우가 드물고 실제로 받더라도 그다지 유용하지 않다. 분석 보고서가 나왔을 때라면 이미 전문가들은 행동에 나섰을 것이고, 증권중개인이 우리보다 훨씬 예측 능력이 뛰어나다는 증거도 별로 없다. 그렇게 영리하면 왜 부자가 아닌지 질문하려는 것이 아니다. 증권중개인 대다수는 부유하다. 그렇지만 투자만으로 큰돈을 벌 수 있다면 왜 월급을 받으면서 일하겠는가? 록히드 마틴 회장 겸 정치인이었던 노먼 오거스턴은 이런 말을 남겼다.

"증권시장 전문가들이 진짜 전문가라면 돈 받고 조언을 하는 것이 아니라 주식을 살 것이다."

FCA는 최근 여러 보고서를 발간했고, 펀드매니저의 일에 상당히 비판적인 태도를 보였다. 가격이나 서비스 경쟁력도 없고, 수수료를 지불할수록 이익은 떨어진다는 것이다. 투자할 주식을 선택하는 액티브 펀드도, 그리고 지수를 보고 성과를 따라가면서 주식을 매수하는 패시브 펀드도 수수료를 내고 나면 일반 투자자나 측정 벤치마크보다 나을 것이 없다는 것이다. 올바른 펀드 선택도 쉽지 않다. 예전에 얼마나 잘했는지 판단하기도 어렵다.

"과거 성과가 미래 성과를 보여준다고 할 수도 없다. 실적이 계속 이어진다는 증거는 거의 없고… 만약 있다면 아마도 악순환이 지속되는 것이다."

경쟁에 불이 붙었다. 최근 '로봇' 투자자가 나타났는데, 증권중개인, 어드바이저, 투자 플랫폼 및 유닛 트러스트 관리자 수수료를 최소화하려 한다. 일부 기업은 컴퓨터로 펀드 포트폴리오를 제공해서 서비스 비용을 낮췄다. 투자자의 투자 목적이나 리스크에 대한 태도를 보고 선호도를 고려한다. 그러면 주머니 사정은 넉넉하지 않지만 안전하고 다양한 투자처를 찾고 있는 사람들이 힘든 투자의 길을 저렴하게 시작할 수 있다. 더 값비싼 다른 시스템과 직접 비교할 수 없다. 로봇은 ETF나 인덱스 펀드를 선택하는 경향이 있다(지수를 능가하는 것이 아닌 따라가는 방식으로, 3장을 참고하라). 그러면 관리 수수료가 더 낮은 경우가 보통이다. 인덱스 펀드는 시장의 등락을 따라간다. 로봇이 투자에 동원된 역사가 아직 길지는 않아서 시장이 이상한 흐름을 보일 때 얼마나 좋은 성과를 내는지 알 수 없다.

증권중개인 분석가는 아니지만, 괜찮은 신문과 매거진에서는 연말에 주식 팁에 대한 평가를 해준다. 없다면 성과가 좋지 못했다는 뜻이다. 하지만 직원이 바뀔 수 있기에 가이드가 되어주지는 못한다.

여러 레퍼런스가 있는데, 그중 일부가 REFS(스토코피디아 (Stockopedia) 및 슬레이터 인베스트먼트(Slater Investments) 소속), 영국 주요기업 핸드북, 그리고 영국 중소기업 핸드북이다. 여러 사업과 기업에 대한 통계와 팩트를 확인할 수 있다. 증권거래소 가이드, 기타 투자 가이드, 금융시장에 대한 설명도 존재한다.

요약하자면, 조언은 많다. 하지만 공정한 조언은 극소수고, 공정하다고 늘 맞는 답도 아니다. 그래서 최대한 많이 귀를 기울이고 상식적으로 생각하면서 이런 내용을 고려하면서도 투자를 결정짓는 요인으로 생각하지는 말아야 한다. 타인의 기준은 다를 수 있다는 점을 기억하자. G. B. 쇼의 말처럼 '취향은 나름'이니, 타인이 내게 해주길 바라는 행동을 타인에게 그대로 하지 말자는 것이다.

신문

평일에도 그리고 일요일에도 신문에는 투자 및 금융에 대한 기사가 실린다. 뉴스, 해설, 조언을 싣고 있다. 진지한 신문은 기업 뉴스도 다루는데, 규모가 작거나 그다지 흥미롭지 않은 기업에 대한 보고서도 있다. 주로 매출량, 이익, 예외 항목, 그리고 이사 연봉에 대한 내용이다. 퀘스터(Questor), 렉스(Lex), 그리고 템퍼스(Tempus)를 비롯한 칼럼에서는 재무적 성과에 대한 내용을 다룬다. 칼럼에서 매매에 대한 권고를 늘 하지는 않지만, 주로 명확한 어조를 쓴다.

일요일에 나오는 신문은 대부분 증권중개인의 조언을 반복해서 싣는다. 기자들은 사람을 만나고, 기업 경영진을 만나 기사를 쓰기도 한다. 결과를 보고 중개인, 분석가, 그리고 협회와 함께 소통하기도 한다. 독립 해설자와 사업에 대한 토론을 펼치기도 한다. 시장이 현재 과소평가하는 기업에 대해서도 배운다. 투자자들에게 현재 과소평가를 받는 주식에 대해서 알려주고, 재평가가 시급하다는 사실을 알리기도 한다.

시장 상황이 빠듯하고 주식 발행이 어려운 상황에 이런 팁이 주가를 움직인다. 사람들이 주식을 사서 그런 것은 아니고, 시장 전문가들이 신문을 읽기 때문에 가격 상승과 수요를 전망하는 것이다. 정보를 읽고 추천 주식을 살 때는 이미 타이밍이 지나버렸을 수도 있다.

그래도 충분한 이유와 근거가 있다면 추천 주식을 살 가치는 있다. 하지만 신문을 읽을 때 주의할 점이 있다. 신문은 하락할 주식에 대해서 잘 예측하지 못한다. 명예훼손법에 걸릴 수도 있기 때문이다. 아니면 기자들은 성공할 주식을 더 찾는 경향이 있는 것일지도 모른다. 투자자는 신문에서 주는 정보만 받고 주식을 팔 타이밍을 고를 수는 없다. 하지만 이것도 중요한 정보다. 사실 신문에 실리는 주식 매수 팁이 모두 일관성이 있거나 성공적인 결과를 가져다주지는 않는다. 전체 시장이 변하려고 할 때 예측하는 것은 누구에게나 어렵다. 신문은 읽되, 주의하면서 읽자.

금융 관련 페이지를 보면 인수를 비롯한 주요 사건, 그리고 최고 경영진과의 인터뷰도 실려 있다. 계획, 신제품, 투자, 전술 변경, 새로운 고급인력, 이사진 변동, 자회사 매출, 그 외 여러 기업 활동에 대한 상세한 내용을 엿볼 수 있다. 이렇게 기사를 읽다 보면 기업 경영이나 제품이 어떤 이미지를 갖고 있는지 힌트를 찾을 수 있다. 그러면 투자자는 한층 더 정보력을 키울 수 있다.

사람들은 신문은 믿을 게 아니라고 말하면서도 기자는 모든 것을 아는 사람이라고 생각한다. 그런데 기자도 누군가 말해준 내용만 아는 사람이다. 뛰어난 기자는 팩트를 더 깊게 파고들어 해석하고 들은 내용이 맞는지 확인한다. 하지만 기자도 사람이라 실수할 수 있다. 그래도 기자는 시티 업계에서 직간접적으로 관여하는 사람들과 소통하고, 상황을 주시한다. 투자에 발을 들여놓을 생각이 있다면 쓸 수 있는 정보를 무시하는 것은 바보 같은 짓이다. 여러 기업, 분야에 대한 상세한 내용이 매일 나오며, 경영진과 제품, 실적, 거래, 전망에 대해 알려준다. 일부 기사는 그냥 뜬소문이거나 자리 채우기용으로 실리기도 한다. 하지만 명성이 있는 언론사는 증권중개인보다 실제 상황에 대해서 빠르게 알아채고 정보력을 갖춘 뉴스를 전달한다. 더욱 권위를 가진 기자가 쓴 글은 널리 읽히게 되고, 그러면 기업에 대한 대중의 생각과 주식 가격에도 영향을 준다.

많은 신문은 금융과 기업에 대한 기사를 매일 싣는다. 다수의 매거진도 투자 조언을 다루기 때문에, 예상표에서 어떤 정보를 추가해야 하는지 결정하기 어려울 정도다.

매거진과
웹 사이트

전문 매거진에서는 추가 정보를 찾아볼 수 있다. 비즈니스나 투자에 대해 알려주는 유용한 매거진과 웹 사이트가 있는데, 그중 일부 언급하자면 〈인터랙티브인베스터(Interactive Investor)〉, 〈머니위크(Money Week)〉, 〈인베스터크로니클(Investors Chronicle)〉, 〈왓인베스트먼트(What Investment)〉, 〈쉐어매거진(Shares Magazine)〉, 〈바론즈(Barron's)〉, 〈모틀리풀(Motley Fool)〉, 〈쉐어캐스트(sharecast)〉, 〈유어머니(yourmoney)〉, 〈블룸버그(bloomberg)〉가 있다. 〈포천〉, 〈포브스〉, 그리고 〈비즈니스위크〉처럼 비즈니스를 전반적으로 다루는 저널도 존재한다.

인베스터크로니클을 읽을 때, 차트 페이지를 이해하려면 용어와 기술적 분석에 대해서 잘 알아야만 한다. 지식이 전무한 상태로 다음 문장을 들으면 어떨까?

"현재 랠리로 인해 인덱스가 일간 구름대를 지나 검은 하락추세선까지 갈 수 있고, 과매수 지표 모멘텀으로 이어질 수 있다."

아니면 "타임 사이클 터닝 일자(time-cycle turning-date)"라는 말을 이해할 수 있을까? 이미지 자료를 보면 이해하기 쉬워진다.

가짜뉴스

투자자는 가짜뉴스, 루머, 음모론에 휩쓸리지 않게 조심해야 한다. 특히 온라인에서 자료를 찾을 때 조심해야 한다. 온라인 자료는 어디서 어떤 동기를 갖고 만들었는지 알기 어렵다.

- 자료가 감정적이라고 생각되면 피해라. 자료를 읽고 나 자신이 감정적인 반응을 보이는 상황도 피해라.
- 정말 무슨 말을 하려고 하는 것인지 고민해라. 겉으로 보이는 첫인상에만 머무르지 말자.
- 어디서 오는 이야기인지 확인하자. 이 사람은 누구인가? 정보를 어떻게 알고, 왜 내게 이런 이야기를 하는 것일까? 지식이 있고, 믿을 수 있고, 똑똑하고, 편견이 없는 사람일까?

- 출처에 상관없이 통계는 일단 믿지 말자. 근거에 통계적인 문제가 있을 수도 있고, 조사 방법이 편향적일 수도 있고, 결론이 증거를 반영하지 않는 경우도 있다.
- 상식과 비교해보자. 상식적으로 맞고 가능한 이야기인가? 맞다고 생각되는가?
- 음모론은 주의해야 한다. 미국의 생물학자인 칼 버그스트롬의 말처럼, "무능으로 충분히 설명할 수 있는 상황에 악의나 거짓이 있다고 가정하지 말자. 그리고 논리적으로 실수한 것으로 설명 가능한 상황에 무능을 전제하지 말자."

사실 금융만이 아니라 모든 정보를 대할 때 사용하기 좋은 가이드일 것이다.

·5·

사기(scam)

상식을 갖추면 사기를 피할 때 도움이 된다. 낯선 사람이 주식을 판다는 예상치 못한 전화가 걸려온다면 어떻게 하겠는가? 아마도 '보일러 룸 (boiler room)' 사기일 것이다. 수익률이 높은 거래라면 왜 굳이 그렇게 전화하겠는가? 안전하고 좋은 거래라면 왜 아무도 관련 글을 쓰지 않았을까? 왜 굳이 내게 정보를 알려주려고 할까? 국내 거주민인지, 허가를 받은 기업인지, FSCS 등 예금 보호 기관에서 나온 사람인지 알아보자. 영국에서는 투자상품 판매 목적을 지닌 콜드 콜(무작위 권유 전화_옮긴이)은 불법이다. 그러니까 그냥 끊자.

이메일 회신이나 전화를 할 것도 없다. 개인적 질문이나 재무 상태에 대한 질문에 답하지 말자. 그리고 확인차 다시 전화를 걸지 말아야 한다. 특히 본인 전화로는 다시 걸지 말자. 정보가 유출됐을지도 모르는 상황이라면, 은행과 신용카드사에 가능한 신속하게 연락하라. 승인받지 않은 거래가 이뤄졌는지 확인하자.

온라인 광고에서 안전하고 수익률도 높다는 내용이 있다면 거의 사기다. 그냥 답하지 마라. 진짜라고 하기에 너무 좋아 보이면 그 감이 맞다. 죄다 거짓말은 아니더라도 우리는 투자의 기본 규칙을 기억해야 한다. 수익률이 높으면 리스크도 높다.

이들은 대부분 해외에 위치해 있고(가끔 내 주소와 전화번호를 가진 곳도 있다) 당연히 허가나 감독 대상이 아니다. 그래서 거래한다고 해도 국내의 컴플레인 시스템이나 보상 펀드를 적용받지 못한다. 사기꾼들은 주로 달변가고, 아는 것도 많다. 논쟁에도 능하고 끈질기며 거절을 받아들이지 않는다. 이런 사람들을 물리치려면 무례해야 하고, 결단력을 가질 필요가 있다.

사기꾼들은 여러 번 제안을 하고, 해외 주식 할인을 적용해준다고 말하는 경우도 있다. 곧 상장할 기업 주식이라고 꼬드기기도 한다. 신뢰도를 높이기 위해서 본인이 그럴싸하거나 제대로 된 기업 출신이라고 주장하는 사람도 있다. 전문 웹 사이트도 있다고 말한다.

이미 주식을 사기로 계약했으니 돈을 지불해야 한다는 식으로 나오거나, 법적 조치를 취하고 경찰을 부르겠다고 위협하는 부류도 있다. 당연히 불가능한 일이다. 심지어 오해 때문에 제안을 승낙했다고 해도 이런 계약은 법에 따라 성립될 수 없다. 경찰에서는 "이 사안에 대해서 부채 회수 에이전시처럼 행동하지 않을 것"이라는 내용을 성명서에 발표한 바 있다.

전화나 이메일로 연락해서 과거 보일러 룸 사건으로 잃은 돈을 되찾게 해준다고 말하는 사람도 있다. 아니면, 가치도 없는 주식을 살 기회를 준다고 한다(선불 수수료를 지불하면). 블루칩 주식을 팔고, 신기술이나 친환경(green) 주식에 투자하라고 하거나, 새롭게 투자하기 위해 돈을 빌리라고 권하는 사람도 있다. 이미 상장했거나 곧 상장할 것으로 보이는 미국 기업 주식을 사라는 부류도 있는데, 'Regulation S' 혹은 'Rule 144' 주식이라고 나오는 경우가 보통이고 미국 시민이 아닌 사람에게만 팔 수 있으며 제한조건이 있다. 미국 증권거래소와 연결된 주식을 제안받을 경우, 미국 SEC(증권거래위원회)와 확인해야 한다. 주식이 가치가 거의 없거나 무가치할 수도 있고, 아예 주식이 존재하지 않는 경우도 있다.

보일러 룸이라는 이름은 원래 사무용 건물에 있는 지하실이나 유틸리티 룸에 위치한 저렴하고 거친 공간을 의미하는 단어에서 나왔다고도 한다. 또는 콜드 콜을 하는 사람들의 열기와 정신적 압력을 사용하는 판매 전술에서 기인한 이름일지도 모른다. 약 50년 전에는 정당이 유권자에게 연락할 때 쓰는 전화기가 가득한 방을 그렇게 불렀다고 한다.

이런 사람들은 여유자금이 있거나, 투자에 능숙하지 않거나, 과거에 주식거래를 해본 적 있는 노령 인구를 타깃으로 한다. 보통 피해자는 약 2만 파운드를 잃는다고 하며, 개인 최대 손실로는 120만 파운드를 잃은 건이 있다고 런던의 시티 경찰 기록에 남아 있다. 매년 영국에서 2억 내지 5억 파운드의 돈을 사기꾼들이 가로채는 모양이다.

하지만 이 금액도 추정치에 불과하다. 많은 피해자들은 이런 일을 고

백하면 바보 취급을 받을까 봐 부끄러워하기 때문이다. 충분히 이해할 만하다. 전화 사기꾼은 의심할 만하지만, 피해자 중에서 투자 경험이 있는 사람들도 꽤 많다.

◎ **경고! 사기를 의심해야 하는 경우**

- 늘 적용되는 규칙을 기억하자. 진짜라고 하기에 너무 좋은 이야기 라면, 느낀 것이 맞을 것이다.
- 상품, 경품, 혹은 이익을 수령하기 전에 수수료, 세금, 혹은 요금을 바로 지불해야 한다고 주장한다.
- 은행 계좌, 신용카드 정보, 혹은 민감한 개인정보를 요청한다.
- 당장 답을 하지 않으면 '돈을 다른 사람에게 줄 것'이라고 압박한다.
- 상세한 내용은 기밀이라고 주장한다.

어느 국가에 있는 기업이든 국내에 있는 사람에게 주식을 사라고 제안하려면 등록돼 있어야 한다. 허가받지 않은 기업에서 연락받았거나, 사기로 의심되는 경우라면 FCA 또는 경찰에 문의하자. 그러면 외국 정부와 연락해서 조치를 취할 수 있다. 보일러 룸 담당 국가 정보보고 시스템은 아치웨이 작전(Operation Archway)이라고 한다.

신원 도용 및 개인정보 탈취를 통한 사기를 목적으로 하는 피싱 메시지와 이메일 수법이 복잡해졌고 더 흔한 일이 되었다. 굉장히 그럴싸해 보이는 경우가 많다. 은행에서 연락했다고 주장하는 사기처럼 FCA, 잉글랜드은행(Bank of England), 또는 옴부즈만 측에서 개인정보나 돈을 달라는 이메일이 온다면 사기다.

전화나 이메일의 진위 여부를 확인하기 위해 전화 문의를 할 수 있다. 이때 의심스러운 연락을 받은 전화 라인으로는 연락하지 말아야 한다. 왜냐하면 가짜 전화 연결 기계를 쓰는 경우도 있다. 답변하지 말고, 링크에도 접근하지 말자. 삭제하고, FCA에 연락하라. 0800 111 6768 혹은 consumer.queries@fca.org.uk에 이메일을 보내라. 옴부즈만(Financial Ombudsman)은 0800 0234567이고, 잉글랜드은행은 enquiries@bankofengland.co.uk다.

HMRC에서 보낸 이메일이라 주장하며 세금 환급을 제안하거나 개인 정보 혹은 금전 지불을 요청한다면 의심해야 한다. 전화로 환급 이야기를 꺼내면서 은행 정보를 요청하는 것도 마찬가지다. HMRC는 세금 환급에 대해서 전화나 이메일로 연락하지도 않고, 전화나 이메일로 개인 정보나 결제정보를 요청하지도 않는다.

여러 이메일 주소에서 이런 이메일을 보내는데 주로 주소에 'hmrc'가 포함되어 있다면 회신하지 말라. 누가 전화로 HMRC에 인증할 수 있다고 주장한다면, 전화를 받은 번호로는 전화하지 말라. 해당 라인을 통해서 전화를 사기꾼 쪽으로 연결할 수 있기 때문이다. 그리고 그러면 거짓 확인을 받게 될 것이다. 보통 그냥 끊는 것이 맞다. 하지만 당국에 연락해서 믿을 만한 발신자인지 확인하고 싶다면 다른 전화를 쓰자. HMRC 연락 진위 여부가 궁금하다면 HMRC에 전달하거나 직접 이메일을 보내자.

| 표 7. 1 | 규제 관련 조직의 역할

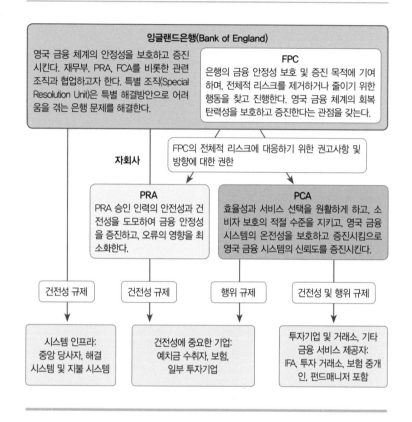

찾지도 않은 은행 수수료를 되찾게 해주겠다고 주장하는 사기범도 있다. 사기범은 전화를 걸어 개인 금융 정보를 달라고 한다. 은행 계좌나 신용카드 정보를 요구하는데, 그 목적은 신원을 도용하거나, 바가지 요금을 청구하거나, 혹은 범죄를 저지르는 것이다. 존재하지도 않는 계좌 요금을 청구하거나, 사지도 않았는데 물건값을 청구하기도 한다. 빚이 없는데 독촉하고, 신용거래 신청이 거부될 수도 있다.

이런 문제를 해결하려면 꽤 오랜 시간이 걸릴지도 모른다. 신원도용 관련 문제를 담당하는 웹 사이트(Home Office Identity Theft)에서는 스스로 보호하기 위한 팁을 안내한다. 어떤 행동을 취할 수 있는지 알려주며 도움이 될 만한 기관 연락처를 준다.

금융 어드바이저

신문, 매거진, 라디오, TV, 뉴스레터, 대량 이메일로 조언을 받으면 즉시 사용할 수 있고, 일부 조언은 무료로 제공된다. 그래도 투자자는 조언을 계속 수집하고 골라내서 쓸만한 조언이 있는지 살펴야 한다. 이 과정은 시간이 걸리고, 지루할 수도 있고, 증권시장 경험이 없는 사람에게는 쉽지 않다. 이론적으로는 전문 어드바이저가 있으면 유용할 수 있다. 증권중개인이나 어드바이저는 투자자의 선호도와 니즈를 반영한 맞춤형 투자를 추천해준다. 이런 도움은 소중한 존재다. 뛰어난 어드바이저는 하루 종일 선택지를 점검할 시간이 없고 생업에 신경 써야 하는 개인투자자보다 훨씬 훌륭한 포트폴리오를 마련할 수 있다.

가치 있는 것은 모두 돈이 든다. 그래서 그 값을 하는지 확인해야 한다. 아무 질문도 하지 않고 상식을 따지지도 않고 미래를 맡기는 투자자는 현명한 사람이 아니다. 똑똑한 환자는 의사에게 자기 상태에 대해 질문하고, 약의 효과에 대해서 질문하기 마련이다. 조심성 있는 클라이언트라면 변호사에게 법과 자문이 무엇에 근거하는지 묻기 마련이다. 똑똑한 투자자라면 금융 어드바이저에게 조언의 근거 그리고 추천이 전제하는 내용에 대해 질문한다. 이때, 개인 경험과 상식이 들어간다. 어드바이저가 향후 6개월, 아니면 5년에 대한 전망을 설명했는데 내가 동의하지 않는다고 생각해보자. 내 추측이 남들만큼 괜찮을 수도 있다. 내 생각을 표현하는 것이 중요하다. 그래야 양측이 만족할 만한 포트폴리오를 만들게 된다.

규제대상이 아닌 어드바이저가 순진한 투자자를 꾀어 돈을 뜯거나 부적합한 상품에 끌어들인 사건도 있었다(사기에 대한 설명을 참고하라).

정보

주가

신문에 나온 주가 목록에는 업종에 따라 기업이 분류돼 있다. 일부는 증권거래소가 지정해놓았고, 'FT-Actuaries' 지수 제목이나 같은 파트에 기업이 나와 있다. 하지만 신문마다 산업 이름이 달라서 혼란스러울 수 있다. 분류가 애매한 경우도 있고, 잘못 분류됐다고 생각되는 경우도 있으며 특히 추세에 맞지 않을 수 있다. 그래서 증권거래소 당국이 다르게 지정하기도 하는데, 주로 기업 업무의 초점이 달라지면 그렇다.

런던 증권거래소에 상장된 기업의 수는 2,500곳을 넘는다. 일부는 발행하는 상품의 종류가 다양하다. AIM 대체투자시장도 있고, 테크마크 (Techmark) 그리고 ISDX도 있다. 대부분의 기업은 사실 거래가 빈번하지 않다. 가장 큰 거래와 이자의 규모를 살펴보면, 시장가치가 제일 큰

100대 기업이 차지하고 있다. 이들은 '풋시(Footsie)'라는 별명이 있는 FTSE 100 지수에 있고, 증권시장의 흐름을 대표적으로 보여준다. 주요 기업은 대규모 금융기관의 투자전략에도 중요하다. 분기별 리뷰가 나올 때 기관의 관심도를 가장 명확히 알 수 있다. 특정 일자에 기업의 시장 가치를 검토하고, 지수가 달라지기도 한다. 기업이 지수에서 사라지면 주식이 갑작스레 내려갈 수 있다. 5%까지 하락하는 경우도 있다. 새롭게 누군가 진입하면 갑자기 상승하기도 한다. 일부 인덱스 펀드와 투자자는 흐름을 주시하고, 기업이 해당 지수에서 자리를 차지하는지 아니면 사라지는지 살펴보면서 그 전에 일찍 주식거래를 하는데 주식이 크게 움직이지 않을 수 있다. MSCI 지수도 보면 좋다. 전 세계 흐름을 보여주는데, 국내 기업이 들어가거나 나오는 경우가 있어서 주가가 변할 수 있다.

그 아래 두 번째 시장 FTSE 250이 존재한다. 시가총액 기준으로 250곳의 기업이 들어가 있는데, 매출량, 이익, 자산가치 혹은 다른 측정치가 아닌 발행 주식의 총 가치로 보는 시장인 셈이다. 이렇게 위의 100곳과 합쳐 총 350곳의 가장 거대한 기업들은 보수적인 신문의 가격 페이지에 실린다. 또 다른 기업들도 수백 곳 실리지만, 그 어떤 신문도 존재하는 모든 증권 상품에 대해 정보를 제공할 공간은 없다. 〈파이낸셜타임즈(Financial Times)〉가 다른 신문에 비해 주식 가격에 많은 페이지를 할애하지만, 이미 상장된 것 중에서도 일부만 실린다. 신문에 나왔다고 해서 중요도를 나타내는 것은 아니다. 가격 페이지에 들어가려고 돈을 지불해야 하는 기업도 많다.

신문에서는 최신 주가 외의 여러 정보를 알려준다. 전날 종가에서 얼마나 변동했는지 등 다양한 정보를 제공한다.

표 7.2를 보면 〈데일리 텔레그래프(Daily Telegraph)〉의 가격 페이지를 볼 수 있다. 첫 번째 칸에 기업의 전체 이름이나 줄여 쓴 이름이 나온다. 파운드화가 아닌 경우 어떤 화폐를 쓰는지 나와 있다. 여기 나오는 상장 주식은 거의 보통주에 해당한다. 하지만 일부 기업은 상환불가 우선주, 전환 가능 상품, 워런트 등 다른 상품도 있다. 만약 포함된다면 이 상품들은 아래 칸에 나온다. 추가 기호가 사용되는 경우도 있다.

| 표 7. 2 | 〈데일리 텔레그래프〉 가격 페이지 예시

테크놀로지 + 0.88%

911	378 3/8	Ace	705*	+5	2.7	14.3
96	51 1/4	Darwin	69 1/4	−3/4	4.2	10.3
1321	619 3/4	FutureOrg•	1242	+38	2.7	28.0
3768	1831	**TechX**	3512	−12	2.8	19.7
1070	508	Zeborin	968	+12	–	21.6

데일리 텔레그래프 주가 코드:

bold	FTSE 100 주식
•	FTSE 250 주
*	배당락
†	특별배당락(ex-scrip)
§	권리락
‡	전권리락(ex-all)
#	거래중단

두 번째 칸은 전날 혹은 직전 거래일 종가를 나타낸다. 휴일에 돈을 지출해본 적이 있다면 구매가가 판매가보다 항상 높다는 사실을 알 것이다. 그 차이를 스프레드라고 한다. 발간되는 가격은 그 평균이므로 투자자는 그 가격에서 사거나 팔 수 없다. 신문이 배달되었을 때 시장 변동이 없더라도 마찬가지다. 주식 거래가 중단된 경우 나온 가격은 중단 직전 가격이고, '#'가 옆에 적혀 있다. 중단 사유는 기업 조직개편, 숫자에 대한 의문점, 인수 가능성 등 다양하다.

스프레드는 거래인의 리스크에 영향을 주는 여러 요인에 따라 달라진다. 그중 하나가 시장의 '유동성'이다. 얼마나 많은 거래 가능 주식이 있고 얼마나 많은 사람들이 거래 준비가 되었는지 살펴보는 개념이다. 주식시장에서 좋은 유동성 측정 방법 중 하나는 거래를 시도할 때 가격이 얼마나 이동하는지 확인하는 것이다. 발행이 거의 되지 않은 기업의 주식을 산다면 어떨까? 대부분 보유자는 가치가 조금 올랐다고 팔지는 않을 것이다. 그러면 가격은 갑자기 뛰게 된다. 브리티시 텔레콤 그리고 보더폰 같은 대기업은 수백만 주를 발행했고 항상 시장에서 거래를 원하는 사람이 있다. 반면 상대적으로 규모가 작아 시가총액이 1,000만 파운드 정도 하는 기업이 있다고 생각해보자. 관리자와 그 가족이 절반을 보유하고, 이사진이 25% 정도를 보유하고, 나머지는 초기 투자자가 대부분 가지고 있다. 이런 기업에 대해 거래하기는 몹시 어렵다. 크기만 봐도 해당 사업에 대해 들어본 사람이 거의 없다는 것을 알 수 있다. 그래서 주식거래 희망자도 적고, 있다 한들 상대를 찾기 어렵다. 그래서 대기업이 상대적으로 스프레드가 작다. 왜냐하면 주식거래 많을수록 거래인이 찾을 수 있다는 자신감이 높고, 뒤에 위치한 경우가 훨씬 스프레드가 클 것이다. 스프레드의 크기는 시장 상태에 따라서도 달라진다. 주가 변동이 심하다면 시장을 조성하는 자들은 모험을 피하면서 조심스럽게 스프레드를 키울 것이다. 그래서 중간 시장 가격(middle market price)은 실제 주식거래를 대략 나타내주는 값에 불과하다.

전화로 거래하는 사람들은 주식거래를 하는 사람들과 그 가격을 보여주는 증권거래소 화면을 보는 중개인에게 질문할 수 있다. 중개인이 가격을 정확히 알려주고, 합의가 빨리 이뤄진다면 그 가격에 거래가 이뤄질 수 있다. 다른 방법은 인터넷으로 가격 페이지를 열람한 뒤 직접 가격을 확인하는 것이다.

〈데일리 텔레그래프〉 세 번째 칸에는 전날 마무리 이후 얼마나 가격 변동이 있었는지 보여준다. 이것도 중간 시장의 가격(mid-market price)을 보여준다. 그 다음 두 칸에는 전년 최고가와 최저가가 나와 있다. 주식이 현재 최고 상태인지 최저 상태인지 알려 주는 지표다. 만약 주가가 현재 127p고, 최고는 478p, 최저는 123p였다면 현재로서는 지난 한 해를 기준으로 최저에 가깝다는 뜻이다.

글자 'b'는 중간 배당금이 올랐다는 뜻이고, 'c'는 중간 배당금이 줄었거나 생략되었음을 의미한다. P/E는 P/E 비율이고(6장 참고) 알려진 보통주 평가법 중 제일 좋은 방법일 것이다. 수익률은 표에 나열된 주식 가격에 투자할 경우 받을 퍼센트(%) 수익이고, 현재 배당금 기준에 따른다. 공식은 다음과 같다. 연간 총 배당금을 100으로 곱하고, 주식 시장가격으로 나눈다. 주식 가격이 200p고 지난해 배당금이 14p였다면 수익률은 7%다. 이 정보는 총체적으로 보고되는 경우가 보통인데, 세금 공제 전이라는 뜻이다. 그렇지만 거의 모두 순 배당금을 받고 세금은 다시 받을 수 없다.

마지막 칸에 나오는 거래량은 1,000주 기준으로 직전 거래일에 얼마나 거래가 이뤄졌는지 보여준다. 모든 매수/매도된 보통주를 보여주기 때문에 두 번 세는 셈이 된다. 기업 주식에 대한 관심도와 시장의 유동성을 나타내는 지표다. 전혀 거래되지 않은 주식도 있다는 것도 유익한

| 표 7. 3 | 〈파이낸셜 타임즈〉 가격 페이지 예시

제조사 & 서비스

Brouhton ⊠	2189	4.00	2730	1554	1.57	38.00	654.9
Carraway	56.00	−0.75	170.00	25.00	−	−5.05	0.9
Friel €	114.20	−0.90	126.50	88.55	0.71	36.42	48.0
PremiumSup	1020	2.00	1352	711.00	2.10	22.67	119.9
Roman	2195	35.00	2933	1393.1	2.57	21.18	565.9
OrpOrg ◆ ■	275.00	−10.00	291.50	119.80	2.99	31.16	551.4
Queue	53.40	−0.20	55.40	45.30	2.12	23.46	7.9
UniManu ◆	819.00	05.50	840.50	423.40	1.59	28.73	429.2

$, €, ¥	파운드화를 쓰지 않는 주식의 화폐 기호를 기업명 옆에 추가
bold	FTSE 100
⊠	FTSE Global 500
■	자본발행락(ex-capital issue)
◆	배당락
#	중단

정보다. 일부 신문에서는 전날 가장 많은 거래량을 나타낸 주식은 따로 표를 만들어 보여준다.

개인투자관리 및 재무자문협회는 다섯 가지의 MSCI PIMFA 보통주 리스크 지수를 만들며 다섯 가지의 MSCI PIMFA 일반 투자자 지수를 통해서 돈을 분배하고 펀드 실적을 평가할 때 도움을 준다.

투자신탁

투자신탁 칸에서는 P/E 비율 대신 NAV를 제시한다. 투자신탁의 보유분을 주식당 가치로 나타낸 값이다. 주가처럼 펜스로 나타낸다. 〈파이낸셜 타임즈〉에서는 Dis 혹은 Pm(-)을 나열하기도 한다. NAV와 실제 주가의 차이를 계산한 값이다. Dis는 주식이 디스카운트 상태임을 의미하며, 가격은 자산가치 아래다. Pm은 주식이 투자의 기초 가치에 대해 프리미엄 상태라는 뜻이다. 혼란스럽게도 디스카운트를 양수로, 프리미엄을 마이너스로 표현한다.

영국투자사협회(Association of Investment Companies)는 www.theaic.co.uk에서 투자신탁 관련 정보를 제공한다.

국채

국채 가격을 나열한 가격표도 존재한다. 보통 단기, 중기, 장기로 나뉘어 표시한다. 또한 두 가지의 일자가 없는 국채 및 물가연동국채도 있다. 외국 정부도 영국에서 얻을 수 있는 채권을 발행하며, 국내 상품보다 수익률이 낮은 경우도 있다.

펀드 / 유닛 트러스트

가격 페이지 제목은 사실 '유닛 트러스트 및 열린 투자기업 가격(Unit Trusts and Open-Ended Investment Companies Prices)'이라고 되어 있다. 다양한 유닛을 Aberdeen, M&G를 비롯한 관리 기업 하에 분류해뒀으며 주소 및 전화번호로 신청서를 문의하거나 정보를 받을 수 있다(거래, 정보, 가격 등). 그러면 투자자는 증권중개인을 통하지 않고 기업에 직접 연락할 수 있다. 일부 기업은 정기 저축 플랜이 있다. 이름과 함께 숫자가 적힌 경우도 있는데, 예를 들면 (1200) F라고 나와 있다면 24시간 기준 정오 가격이다. 기업이 선도 가격책정(forward pricing)을 쓴다는 뜻이다. 투자자로부터 주문을 받고, 가격은 다음 가치평가(valuation)에 결정된다.

정오는 가격 설정에 가장 흔히 쓰이는 시각이다. 투자자가 오전 11시에 전화를 걸면 한 시간 뒤 정해진 가격에 사게 된다. 그런데 오후 1시에 전화를 걸면 다음날까지 가격을 기다려야 한다.

52주 고점과 저점은 주식에도 비슷한데, 유닛 트러스트에 대해서는 사는 가격, 파는 가격, 그리고 중간 시장의 가격의 변화를 보여준다. 일부는 제안 가격(투자자가 사는 가격)의 퍼센트(%)로 전체 수익률을 보여준다.

월요일

월요일에는 거래에 대한 뉴스가 없고 신문은 다른 자료나 추가적인 내용을 다룰 수 있다(독자는 토요일 신문에서 또는 인터넷을 통해서 그 주 종가를 확인할 것으로 생각된다).

　시가총액은 현재 주가 기준 증권시장에서 기업의 총 가치를 나타낸다. 만약 알라스칸(Alaskan)이라는 기업이 5,000만 주를 발행했고 현재 85p에 거래되고 있다면, 기업 가치는 4,250만 파운드고, 이 돈이 있어야 모든 주식을 매수할 수 있다. 살 만한 주식인지 아닌지를 결정하는 데 도움이 되지는 않는다. 하지만 신문에 이 숫자는 늘 나와 있고 크기에 대해 어느 정도 알 수 있다.

　FTSE 100 소속이라면 국내 최대기업 중 하나라고 할 수 있다. P/E 비율, 수익률, 시가총액으로 시장에서 어떤 평가를 받는지 가늠할 수 있다. 하지만 크기에 속아서는 안 된다. 폴리 펙(Polly Peck)은 엄청나게 큰 기업이었고 FTSE 100 지수에 있었지만, 경영자가 보석 중에 북부 키프로스로 도망치면서 무너졌다.

　주중 주가 등락률, 최신 배당금(보통 세금을 제외), 가장 최근의 배당락 시점 등도 찾아볼 수 있다. 〈파이낸셜 타임즈〉에서 십자 기호는 현재 회계 연도에 중간 배당금이 증가했다는 뜻이고, 작은 t는 감소했다는 뜻이다. 배당 배율은 최신 이익으로 배당금을 얼마나 많이 지급할 수 있었는지 나타낸다. 가장 최근의 상황에 대해서는 따로 표를 정리하는 편이다.

·8·

지수

경제 상황을 알아보고 시장 전반적인 분위기를 보려면 다양한 지수를 통해서 전 세계 대부분 시장의 분야별 움직임을 확인할 수 있다. 영국에서 가장 널리 사용되는 것은 FTSE 100이다. 시가총액 기준 가장 큰 100대 기업이 포함돼 있고, 발행 주식의 총 가치로 살펴본 것이다. 지수에 포함되는 기업들은 변하기 마련인데, 일부 기업은 여기서 퇴출되기도 하고 인수 대상이 되기도 한다. 다른 기업은 성장하면서 더 인기를 끌기도 한다. 증권거래소는 FTSE 100의 구성 기업에 대한 업데이트를 계속한다.

그 아래 FTSE 250에 소속된 대기업들이 있다. 이 두 가지를 취합해서 FTSE 350이라고 부르기도 한다. 더 범위가 넓은 것은 650 올쉐어(650 All Share)인데, 모든 주식을 포함하고 있지는 않다. 〈파이낸셜 타임즈)에서는 FTSE 지수의 총 목록을 만들며 계리사 공식으로 계산한다. 가끔 신문은 엔지니어링 및 기계, 혹은 건설 및 건축 자재 같은 산업 분야별 지수의 움직임에 대해 발표한다. 취합해서 기초 산업이나 일반 산업 같은 폭넓은 산업 지수를 볼 수 있다. 일부는 스몰캡(주식의 총 시장 가치가 작음) 등 기업의 종류를 보여준다.

　전 세계 증권시장은 지수를 통해 시장의 움직임을 나타내지만, 영국에서 반복적으로 보이는 지수 자료는 보통 FTSE 100을 지역에 맞춘 것이다. 미국에서 널리 사용되는 것 중에는 다우존스(Dow Jones Industrial Average), 나스닥 100, NYSE Composite, 그리고 S&P가 있다. 규모가 큰 인덱스로는 Russell 2000, Wilshire 5000이 있다. 캐나다에는 Toronto 300이 있다. 일본에는 니케이 225, 홍콩에는 항셍, 독일은 Dax, 프랑스는 CAC 40, 암스테르담은 AEX, 브뤼셀은 BEL 20, 브라질 100대 기업에는 IBrX, 유럽 거래소 시가총액 100대 기업에 대해서는 Eurotop 100이 있다. MSCI 세계지수(MSCI world index)도 있다.

　〈데일리 텔레그래프〉 가격 페이지에는 두 가지의 지수 표가 존재한다. 뉴욕과 토론토를 제외한 12개의 가장 큰 외국 증권시장을 나타낸 표가 하나 있고, 뉴욕과 토론토는 마주보는 페이지의 주요시장 표에 나와 있다. 도쿄 니케이 지수는 두 페이지에 모두 나와 있다. 나머지 한 표에서는 FTSE 100과 250(도합 350) 등 주요 영국 주식 지수를 담고 있다. 또한 FTSE 100 이전에 사용되었던 30을 포함한다. 테크마크(Techmark)

도 있는데, 증권거래소에서 신입 및 하이테크 기업의 지수를 따로 분리해서 지원해주려는 것이다. 그런데 주춤하면서 원래 취지와 조금 달라졌다. 또한 거래량 기준 최대 규모를 나타내는 표도 있다.

·9·

온라인

이제는 당연하게도 인터넷으로 인해서 오전 신문이 아니더라도 정보를 받을 수 있게 되었다. 전자신문 및 매거진도 존재하고, 다음날 아침 인쇄 신문 내용을 미리 볼 수 있다. 과거 기사가 저장된 아카이브에서 과거 기업 상황이나 경제적 여건도 확인할 수 있다.

투자 및 기업에 대한 다른 정보(웹 사이트 정보 포함) 그리고 일부 해설도 살펴볼 수 있다. 인터넷 조언 및 해설이 모두 그렇겠지만, 믿을 수 있는 증명, 알려진 기록과 분명한 독립성이 있는 것만 신뢰해야 한다.

온라인 중개인도 많다. 인터랙티브 인베스터(Interactive Investors)도 그중 하나인데, 해설 및 실시간 가격 정보(거래소 컴퓨터에 현재 나오는 것)를 제공하기도 한다. 종종 추가 구독이 필요하다. 이점은 바로 정보 및 가격을 알고 즉시 거래할 수 있다는 것이다. 구글 파이낸스(Google

Finance)도 대부분 런던 상장기업에 대한 주가, 차트, 해설을 제공한다. 추가로, www.bloomberg.com 뉴스 및 www.thestreet.com 전문가 서비스도 존재한다.

기업 회계정보

전문가나 일반 투자자를 위한 적합한 투자에 대한 분석 자료의 대부분은 기업 연간보고서와 회계 정보에서 나온다. 대부분의 비율은 연간보고서에 나오는 숫자로 계산한다. 보통 요청 시 기업들은 사본을 기꺼이 보내주고, 대다수는 인터넷과 기업 연간보고서 온라인(CAROL)에서 찾아볼 수 있다. 많은 기업들은 웹 사이트에 회계정보를 게시해놓고, 투자자 홈페이지에서 찾을 수 있다.

연간보고서와 회계정보는 엄청난 내용을 다루는 문서다. 집중하지 않으면 잠들 수도 있다. 그렇지만 아무런 일도 하지 않으면 얻는 것도 없다. 돈을 투자하기 전 시간을 투자하면 바보짓을 막을 수 있다. 그러니까 숫자가 갖는 의미와 준비 과정을 알아 두면 좋다. 사업과 기업의 동향에 대해 제대로 이해하려면 생산 관리자, 세일즈 담당자, 운전사, 내부 감사 담당자, 구매 관리자, 재무 디렉터와 이야기를 나누어야 한다. 그래야 발간된 자료에 있는 숫자를 더욱 이해할 수 있다. 그렇지만 투자자들은 그럴 수 없다. 증권중개인이나 애널리스트는 노력에 따라 가능하다.

첫 번째 규칙이 있다. 그럴싸해 보이는 숫자를 너무 정확하다고 생각하지 말라.

연간보고서 내용은 모두 근사치, 추정치, 해석 또는 추측 결과다. 회계기준이 탄력성을 제한하긴 하지만, 기업이 어느 정도 주관적인 평가를 할 수 있게 되어 있다. 왜냐하면 기업의 종류와 크기 및 여건이 다양하기 때문이다. 규칙도 이를 고려해야 한다. 회계기준 심의회(Accounting Standards Board, 이제는 금융보고위원회(Financial Reporting Council)가 그 뒤를 잇는다)도 예전에 인정했지만, 법인 회계정보는 관련성이 있거나 비교 가능할 수 있으나 둘 다는 아니다. 관련성을 위해서 비교 가능성은 어느 정도 타협하게 된다(사업을 공정하게 보여주기 위해 수치를 맞춤형으로 만든다). 그러면 투자자는 사업에 대해서 더 잘 알 수 있지만, 더 노력을 들여야 기업을 비교 측정할 수 있다.

두 번째 규칙은, 회계정보는 기업이 진실되게 운영되고 투자자의 자금을 횡령하지 않는다는 점을 보여줘야 한다.

투자자에게 필요하다 해도 경쟁력이나 효율성을 증명할 의도는 없다. 경영진들이 얼마나 영리한지 직접 힌트를 주지 않는다. 투자자는 연간보고서를 파헤쳐서 가능한 정보를 통해 추론해야 한다.

수십 년 동안 회계 직종이 회사법(companies act)에서 요구하는 바 이 상으로 공개한 내용은 이 과정에 부분적 도움이 된다. 이론상 모든 정 보가 있다면 사기꾼과 바보가 숨을 수가 없다. 몇몇 비열한 행위는 여전 히 남아있지만, 법인 문서 규모에 있어서 영국이 미국에 가까워지는 결 과로 이어졌다. 산더미 같은 문서에서 관련성을 살펴볼 수 있는 경우는 드물다. 일부는 숫자에 대한 상세 정보를 아는 데 도움이 된다. 그러나 기업 동기부여를 찾는 것의 대체재로 쓰이는 경우가 보통이다.

기업 연간보고서와 회계정보에는 증권중개인 분석가의 주의 깊은 계 산을 위한 정보가 많이 포함될 수 있다. 하지만 대부분 투자자들은 이 해할 수 없고 지루하거나 관련이 없다고 느낀다. 그러나 이런 문서에 보 물이 숨어 있기도 하다. 기업이 어디로 가는지, 돈을 벌게 될지 아니면 망할지 알려준다.

감사를 담당하는 사람들에게 과도하게 의존하는 것은 실수다. 이 사 람들은 회계사고, 명목상 주주가 임명하지만 사실 이사진이 임명한다. 외부인의 냉정한 관점으로 숫자를 바라보고 현실에서 어떤 관계가 있 는지 살펴보는 역할을 맡는다. 이들의 주된 기준은 회계정보가 진실되 고 공정한 관점을 나타내는지에 따르는 것이다. 하지만 최근 들어서 수 치가 규칙에 맞게 취합되었다고 말하는 것처럼 점점 더 쉬운 접근법을 선호하는 경향이 있다. 양심이 있고 독립적이며 엄격하다 해도 감사인 들 역시 기업처럼 숫자의 불확실성에 지배받게 된다. 그리고 모든 것을 확인하는 것은 불가능하다. 그들이 말하는 것처럼, 비유하자면 지키는 개 역할이지 사냥개가 아니다. 숫자가 맞아 떨어지는지, 주식이 정말 보관돼 있는지 확인하는 게 역할이지, 사기나 무능력을 보여주는 신호가 있는지 사냥하듯이 찾아보는 것이 그들의 역할이 아니다. 실질적으로 감사인은 신뢰, 독립성, 근면함에 있어서 다양한 수준을 갖추고 있다. 그래서 감사인이 사기, 오류, 의심스러운 행위를 잡아내지 못한 스캔들이 정기적으로 터지는 것이다.

보고서 마지막 부분에 감사를 진행한 사람들은 메모를 남긴다. 회계정보를 준비하고 이에 책임이 있는 사람은 이사진이라고 표시해둔다. 소송에 미리 방어하고자 하는 것이다. 기업이 망하거나 거대 사기 건에 연루됐을 때 채권자는 감사인에 소송을 건다. 심지어 공범이 아니어도 쉬운 타깃이며 전문 손해보험(indemnity insurance)을 가지고 있기 때문이다. 이사진보다도 그러한데, 해외 신탁이나 배우자 명의로 재산을 돌려놓기에 실속이 없다고 여긴다. 그렇지만 이사진은 법 측면에서도 책임이 있고 기업을 운영하는 사람들이다. 주주는 근거에 어떤 가치가 있더라도 이들의 책임을 줄이고자 하는 압박을 떨쳐야 한다.

또 하나 기억해야 할 것은 회계정보는 과거를 보여준다는 사실이다. 그러므로 기업의 현재 상태에 대한 정확한 모습을 보여주는 것은 아닐 수 있다. 미래에 대해서는 더욱 그러하다. 특히 거래가 빠르게 움직이거나 경제 상황이 변하고 있다면 그렇다. 회계정보는 '지속기업(going-concern)' 관점으로 준비된다. 즉, 자산은 해체(break-up) 당시의 가치가 아니라 기업에 어떤 가치를 지니는지에 따라 계산한다.

회계정보가 쓸모없거나 오해를 산다는 뜻은 아니다. 다만 해석이 필요하고, 정확하지 않을 수 있으며 과거를 반영한다는 뜻이다. 정말 무슨 뜻인지 평가하려면 노력이 추가로 필요하다.

첫 번째 관습을 살펴보자. 정부처럼 기업은 일반적 달력을 그대로 따르지 않는다. 회계연도는 꼭 한 달의 1일이 아니라 언제든 시작 가능하다. 나쁜 뜻은 없을 것이다. 회계연도는 기업이 처음 등록하는 시점에 따라 시작되며, 그냥 정해진 것일 수도 있다. 일부 기업은 매출이 계절성이라면 회계연도를 맞게 설정하며 하반기에 혜택을 볼 수 있게 한다.

괄호 안의 숫자는 음수다. 그래서 이익이 1,280만 파운드라면 이익을 본 게 맞다. 하지만 38만 5,000파운드라면 손실이다.

회계정보 메인 페이지의 숫자는 보통 다양한 숫자를 취합한 것이다. 주석에 더 상세한 내용이 나와 있다. 보통 각 줄마다 작은 글자로 숫자가 적혀 있고, 어떤 주석이 관련돼 있는지 알려 준다. 또한 보고서의 많은 숫자가 그 자체로 보는 것보다 회계정보의 다른 숫자와 같이 봐야 의미가 커진다. 전년 수치 또는 다른 기업과 비교해야 더 큰 의미를 지니기도 한다.

문서의 메인 항목은 이사진 보고서, P&L(손익계산서), 그리고 대차대조표다. 또한 엄청나게 많은 주석으로 보충 설명을 한다. 자금의 원천과 적용에 대한 내용으로 기업이 어떻게 현금을 얻고 사용했는지 보여준다. 그리고 감사인 보고서도 존재한다.

회장 / 이사진 보고서

앞부분에 짧게 회장/이사진 보고서가 등장한다. 기업이 하는 일을 소개하고, 완료된 연도의 주요 사건을 요약하며, 성과에 대해 언급하고 숫자 해석 방법을 소개하기도 한다. 전망에 대한 내용이 나오는 경우가 많은데, 대부분 보고서는 다음 회계연도 몇 개월 전에 만들어진다는 점을 고려하면 맞다. 하지만 피상적 제안에 그치는 경우가 많다. 보통은 이런 식이다. '녹록치 않은 환경에서도 기업을 계속 발전시키기를 희망하며, 현 연도 결과에서 더 나아가 개선을 이루기를 기대합니다.' 결과가 악화된다 해도 주주는 고소할 수 없다. 그리고 12개월 전체 결과를 보는 것이 아니라 3개월만 본다면 오해할 수 있다. 행간을 읽고, 문장이 어떤 의미인지 살펴보고, 보고서가 주는 힌트를 살펴야 한다. 상황이 허락하는 바에 따라서 명확히 이야기를 펼치는 경우도 있고, 분명하지 않은 메시지를 줄 수도 있다.

회계정책

이 부분은 굉장히 지루하다. 법과 회계기준에서 정한 일종의 루틴으로 안전하게 무시할 수 있는 경우도 많다. 그러나 가끔 기업은 표준 규칙이 상식에 벗어남을 깨닫게 된다. 그러면 오해를 사는 것보다는 일반적이지 않은 방법으로 표현한다. 보고서에서는 어떤 기준을 따르지 않았는지, 그 이유는 무엇인지 설명해야 한다. 이런 종류의 설명은 항상 명료하게 쓰여 있지는 않다. 일반인을 대상으로 쓴 글은 아닐 수도 있지만, 조금만 주의 깊게 들여다보면 이해할 수 있는 경우가 많다. 만약 감사인이 빈말이거나 허울만 그럴 듯한 핑계라고 생각한다면 보고서에 코멘트를 추가할 것이다.

P&L(손익계산서)

① 매출

P&L은 기업의 전년 회계연도 거래를 나타낸다. 여기 매출도 들어가며, 판매(sales)라 표현하기도 한다. 음료 회사는 가끔 특별소비세(excise tax)를 빼고 순 매출의 가치를 나타낸다. 가장 최근 연도가 이전 연도와 어떻게 다를지 비교할 수 있다. 좋은 상태로 보이더라도 관련 주석을 통해 세부내역을 살펴보는 것이 현명하다. 일부 기업은 제품, 지역, 시장 분야 등으로 매출을 분류한다. 그러면 이상한 점이 있는지 알 수 있다. 한 제품이 나머지 부진한 매출을 메꿔 주는지 확인할 수도 있다. 한 지역이 특별히 이상한지 알아볼 수 있다. 이상한 점이 있다면 회장/이사진 보고서를 통해 설명이 되어 있는지 살펴보자. 답은 인수 혹은 처분 등 간단할 수도 있다. 설명이 되어 있지 않다면 이상한 숫자를 볼 때 의문을 품어야 하고 주의해야 한다.

② 영업이익

문구비용부터 임금, 제조원가, 분배·유통, 행정, R&D까지 기업 운영에 다양한 영업비용이 들어간다. 이렇게 질문할 수 있다. 왜 행정은 돈이 많이 들까? 왜 기업이 몇 년 동안 연구 예산을 절감시켜 온 걸까? 매출원가를 전체 매출에서 빼면 영업이익을 알 수 있다.

③ 기타 소득

규모가 큰 기업의 경우 여러 소득이 존재한다. 자회사가 모회사에 지불하는 금액도 있고, 반대의 경우도 종종 있다. 보통 기업의 거래에 포함되지 않는 예외 항목도 있을 수 있다. 빌린 돈에 대한 이자를 지급해야 할 수도 있다. 일반적인 이자율과 다르게 이자 비용이 변할 경우, 주석이나 관련 내역서에 설명이 있나 살펴야 할 것이다. 대규모 정리해고가 이루어진 것일지도 모르고, 인수를 위한 대출이 있었을지 모른다.

④ 세전 이익

영업 비용 및 기타 소득을 확인하고 나면 세전 이익을 알 수 있다. 보통 신문에 나오는 회계정보가 이 수치를 활용한 것이다. 법인세와 배당금을 빼고 나면 보유 이익이 남고, 이 돈은 기업이 재투자할 것이다. 회계기준을 보면 예외 항목도 존재하는데, 사무실 건물 매각으로 인한 이익이나 재편 비용, 혹은 직원 정리해고 등이다. 예외 항목은 따로 생각해야 한다.

⑤ 기타 항목

기타 항목은 직설적 내용을 담고 있다. P&L 표는 주주에게 지급할 배당금을 보여주는데, 우선주에 지급할 배당만 따로 보여주기도 한다. 남은 금액은 보유금으로 넘어간다. 그렇다고 기업 금고에 들어간다는 것이 아니다. 사실 이 용어가 혼란을 야기할 수 있어서 일부 기업은 이 금액은 '유보 이익(retained profits)'이라고 부르기도 하고 '사내 유보 이익

(profits retained in the business)' 등의 말로 부연 설명을 하기도 한다. 이 금액은 기업을 구축할 때 쓰이는 돈이다. 기계, 공장, 혹은 원재료를 살 돈이고, 현재 진행 중인 업무에 들어가는 비용을 충당하기도 한다. 일부 기업은 필수적인 재투자를 하지 못한다. 왜냐하면 기관 주주가 매년 배당금을 늘려 달라고 하기 때문이다. 그러면 기업이 현금이 없는 상태가 될 수도 있다. 기업이 어려워지면 이들은 결국 주식을 버리고 다른 기업으로 갈 것이다.

그런 경우 회계정보에는 연도의 좋은 시작을 보여주는 내용이 없을 것이다. 기업 전체가 어렵고 지난 3개월간 매출과 이익이 급감하는 것처럼 말이다. 모두 회장/이사진 보고서에서 설명해야 한다. 왜 그런 상황이 벌어졌는지, 현재 어떤 조치를 취하고 있는지 설명해야 한다.

보통 회계정보에서는 '하단(bottom line)'에 대해 이야기하는 것이 일반적이다. 사실 유보이익을 뺀 손익계산서의 하단은 시장에서 흔히 사용하는 보통주의 주당이익(EPS)이다. 주가를 이 숫자로 나누면 P/E 비율을 알 수 있다. 좀 더 정확하게 따진다면 역사적 P/E가 된다.

⑥ 대차대조표

P&L은 회계연도 전반적으로 어떤 거래가 있었는지 누적 정보를 보여준다. 대차대조표는 기업 회계연도의 마지막 날의 재무적 상태와 자산의 모습을 보여주는 그림이다(전통적으로 관련성을 보여주기 위해 '스냅샷'이라고 칭하기도 한다). 그날 보유한 것, 빌린 것을 여러 제목 아래 나타낸다. 주주가 전체 정보를 볼 때는 이미 숫자의 관련성이 많이 떨어진다. 왜냐

하면 그 사이 몇 개월이 지나면 상황이 전부 변할 수 있기 때문이다.

회계정보 나머지 내용도 그렇지만, 어느 정도 유연성을 갖고 있다. 자산 가치평가는 꽤 주관적이고, 수치 준비 목적에 따라 달라지기도 한다. 기계가 기업에 필수적일 수 있지만 청산인(liquidator)이 자산을 분할해야 한다면 가치가 크지 않을 수 있다. 특허, 상표, 브랜드명에 가격을 책정하는 것은 더 애매하고, 무형자산의 진정한 가치평가에 대한 논쟁은 오랫동안 존재했다. 물리적 자산과 재고는 역사적 구입원가로 측정된 경우가 많다. 하지만 인플레이션은 가치를 잠식하기도 하며, 다른 요인이 가치평가 변동을 일으키기도 한다. 비슷하게, 토지의 가치도 경기나 부동산 시장 변동으로 가파르게 이동할 수 있다.

회계정보는 차량 및 기계를 비롯한 물리적 자산의 가치가 감가상각으로 하락하는 모습을 보여준다. 그리고 영업권(goodwill)을 비롯한 무형자산의 가치 하락은 무형자산의 상각(amortization)이라고 부른다. 사실 영업권은 사업 인수에서 균형을 맞추기 위해 사용되는 항목이며 사들인 기업의 장부가치와 실제 지불한 값의 차이와 관련돼 있다. 주석과 회계정책은 상각 정책에 대해 자세히 설명하지만, 매년 기계는 고정된 규모로 상각되는 경우가 보통이다. 감가상각의 정액법을 쓰기 때문이다. 명백히 이런 계산에는 조정의 여지가 있고, 세금이나 성과를 다듬기 위해 가치평가를 조정하는 윈도드레싱이나 조작이 가능하다. 투자자는 숫자를 면밀하게 살펴야 한다.

그러므로 이 스냅샷은 평소와 전혀 다른 재무상태를 나타낼 수도 있다. 그래도 기업의 재무적 건전성에 대한 힌트를 준다. 간단하든 아예 사기든 조작의 범위는 제한돼 있다. 여러 이유가 있지만, 전년 비교 회계 기준이 타당할 만큼 일관적이어야 하기 때문이다.

기업이 보유하는 항목에서 처음 등장하는 제목은 고정자산이다. 장기투자로 지속됐고 앞으로도 그럴 가능성이 높은 항목들이다. 공장, 장비, 사무실 블록 등을 포함한다. 대형 화물트럭도 여기 포함되는데, 그 편이 제일 낫기 때문일 것이다. 보통 비용이나 판매가격이나 다른 공식으로 도출한 가치가 적혀 있다. 그리고 다른 기업에 대한 투자를 보여준다.

그 다음에는 유동자산이 나와 있다. 보다 이동성을 가진 변화하는 항목으로, 원재료, 창고 내 완제품, 고객에게 받아야 할 돈, 은행에 있는 돈이 여기 포함된다.

그 다음에는 기업 부채가 나와 있다. 먼저 유동부채 또는 채권자가 1년 내 지급을 기대하는 부채가 등장한다. 외상매입금(아직 지불되지 않은 재화 및 용역 공급자), 단기 대출, 배당금을 위한 돈, 그리고 이익에 대해서 낼 법인세가 있다. 유동부채를 유동자산에서 차감한 값을 살펴보는데, 운전자본이라고 부르기도 한다.

장기부채는 은행에서 받은 기간대출, 구조조정 비용, 공장 이전 또는 법적 소송 결과로 인한 비용 등을 포함한다. 단기부채 및 장기부채를 자산에서 빼면 순자산을 알 수 있다.

대부분 기업들이 전년 대비 비교를 제시한다. 하지만 지난 5년과의 비교 역시 필요하다. 과거와 현재 수치를 취합하고 업계 표준을 알면 기업의 재무적 건강상태에 대해 알 수 있다.

⑦ 현금흐름표

현금흐름표는 이름만 봐도 알 수 있듯이, 이익과 투자에서 돈이 어떻게 흘러가고 세금 및 배당금으로 나가는지 보조적으로 보여주는 문서다. 추가로, 차입 증명서 상환(redeeming) 등의 자본 상환 또는 추가 자본 모집 금액을 보여준다. 기업 현금이 동나면 이익을 내는 의미가 거의 없어진다. 그래서 여기서 경고 메시지를 보내야 한다.

현금흐름표 마지막에 나오는 숫자는 그해 기업 보유 현금 증가 또는 감소를 나타낸다. 얼마나 성공적으로 경영했는지를 대략적으로 보여주는 지표다.

⑧ 감사보고서

감사보고서는 일반적으로 평상시와 같은 방식으로 기업이 회계기준 및 회사법과 기타 규칙을 준수했다고 적는다. 이사는 회계정보에 책임이 있고, 감사는 감사실무위원회(auditing practices board)가 요구하는 샘플과 테스트를 진행했을 뿐이다. 그리고 그들이 아는 한 회계정보는 현 상태에 대한 진실하고 공정한 내용을 담고 있다. 감사보고서는 간혹 자격을 갖춘 보고서가 되기도 한다.

자격(qualification)에 대해서는 두 가지 종류를 살펴본다. 불확실성의 결과, 또는 이사진끼리 특정 항목에 대한 불일치가 있는 경우다. 영향은 거의 비슷할 수 있지만 메시지는 다르다. '대상이 되는(subject to)' 또는 '예외(except for)'라는 말이 들어가는 경우가 많다.

불확실성이 크기 때문에 언급할 필요는 있지만 기업에 대해서 근본적인 요소는 아닌 경우, 감사인은 보통 구체적 의심 대상에 대해 언급하고 회계정보는 괜찮다는 이야기를 할 것이다. 법정 조치의 결과를 기다리기 때문에 불확실한 경우도 있다. 하지만 기업 내 올바른 회계정보의 보관 여부를 감사인이 알지 못하는 경우일 수도 있다.

가끔 항목 처리에 대한 의견이 일치하지 않는 경우도 있다. 만약 회계정보 중 큰 역할을 하는 숫자가 조직의 생존을 위협할 정도는 아니라면, 보통 감사인은 특정 항목을 제외하고 모두 진실이며 공정하다고 언급하기도 한다. 예를 들면, 대차대조표의 부채는 이사진의 낙관주의에도 불구하고 회복 불가능하다고 언급하는 식이다.

흔하지 않지만, 이사진과 감사인의 의견 차이가 극심하거나 감사인이 기업의 생존 가능성에 중대한 사실을 발견하는 경우가 있다. 회계정보에 더 진지한 경고를 언급한다. 기록 보관이나 정보의 신뢰가능성에 대한 의심이 크기 때문에 감사인이 전반적 내용을 진지하게 의심하게 될 경우, 그 사실을 언급한다. 증권이 존재하는지, 또는 명시된 매출이 존재하는지 발견할 수 없었다고 언급할 수도 있다. 장부와 숫자를 찾을 수 없었거나, 장부의 테스트 일부 상태가 좋지 않았거나, 어떤 일이 벌어지는지 검증하는 데 심각한 문제가 있었을 수도 있다. 그러면 회계정보가 진실되고 공정한지에 대한 의견을 거절할 수도 있다.

이사진과 감사인 간에 근본적인 의견 불일치가 존재할 수 있다. 가치나 처리 방법에 대해 의견이 맞지 않을 수 있다. 주요 항목이고 기업 상태에 근본적인 항목이라면 감사인은 문제를 제시한다. 주요 장기 계약 가치평가가 여기 들어갈 수 있다. 회계정보가 오해를 불러일으킬 수 있다고 명시한다. 제안한 것처럼 회계처리를 했다면 이익이 더 낮았을 것 이라고 추가 설명할 수도 있다.

이런 사태는 흔치 않다. 왜냐하면 이사진과 감사인이 항목에 대해서 길게 논쟁을 펼치게 되면 감사인은 갈등을 피하고자 한다. 보통 결과적 으로 감사인이 바뀌는 경우가 많다. 그러면 회계사 입장에서는 매출을 잃는 것이다.

감사인은 이런 걱정도 한다. 만약 회계정보를 지속기업의 관점에서 준 비했다면 숫자는 기업이 파산할 경우 정당화가 불가능하다. 기업이 현 재 잘되고 있고 미래 전망도 훌륭하다면 이런 점을 짚지 않을 것이다.

⑨ 주석

주석은 수십 페이지에 달하는 분량을 차지한다. 길고 기술적인 통계 로, 사람들이 지레 겁을 먹는 내용이다. 사실 여기 많은 비밀이 묻혀 있다.

기업 지배구조에 관한 일련의 보고서로 인해 증권거래소가 지지하는 통합 규범(combined code)이 생겨났다. 그래서 기업들은 연간보고서에 요구사항을 얼마나 준수했는지 언급해야 한다. 추가로, 일부 기업은 감 사 대상이 아닌 보충 자료를 통해 제품군과 판매 국가별로 나눈 자료를 제공한다. 제조국과 다른 세부사항으로 분류하는 경우도 있다.

여기서 이사 연봉과 인센티브 및 스톡옵션에 대해 알 수 있다. 또한 얼마나 많은 직원이 있는지, 전체적으로 1년 동안 얼마나 변화했는지 볼 수 있는 부분이다.

보통 공식 주석은 아니지만, 과거 실적을 보여주는 표를 뒷부분에 포함하는 경우도 있다. 최소 5년 내지 10년간의 자료를 제시한다. 이익과 매출이 증가했는데 유기적 성장이 아닌 인수 덕분인 시점이 있었는지 보여주기도 한다.

회계정보 사용법

이제 시작이다. 숫자를 통해서 의미를 도출해야 한다. 예를 들면, 외상매출 숫자를 매출량의 퍼센트(%)로 볼 수 있다. 비율이 크면 클수록 소비자의 지불이 늦어지는 셈이다. 기업은 이 격차를 메우기 위한 비싼 자금조달 방법을 찾아야 하고, 현금과 신용(credit) 관리가 좋지 못한 상태라는 사실을 알 수 있다.

또 다른 중요한 숫자는 대출과 주식자본(share capital) 간의 관계다. 빌린 돈은 갚아야 하고, 이자는 기업이 이익을 내건 말건 발생한다. 보통주(주식자본)는 상환될 가능성이 없고, 배당금은 기업이 지급 가능한 상황에만 지급된다. 수익성이 부채 비용보다 크다면 기인하는 수익은 기어링이 높을 수 있다. 마찬가지로 기업이 빌리는 돈에도 한계가 있고, 돈을 빌리면 기업이 취약해지기도 한다. 대출과 보통주 자금(equity money)의 비율을 기어링이라고 부른다(미국에서는 레버리지). 주주 자금이 1억 5,000만 파운드고 대출은 7,500만 파운드라면 기어링은 50%라 할 수 있다. 외부 여건과 업계 상황에 따라 달라지기도 하지만, 60%를 넘어가면 기업 기어링이 높은 수준으로 여겨진다. 비율에 대한 분석은 6장을 참고하라.

시간에 따른 흐름은 공부하기 쉽다. 모든 회계정보는 전년 수치를 제공하고, 많은 경우 이전 5년에 해당하는 요약 표를 제공한다. 예를 들면, 물가상승률보다 매출이 빠르게 증가했는지 알 수 있다. 그리고 효율성 증가보다 이익이 더 빠르게 늘었는지, 마진이 높은 제품에 집중했는지 등을 파악할 수 있다.

기업이 주는 기타 정보

중간보고서

연간보고서 사이에 회계연도 상반기 거래에 대한 문서를 만드는 기업도 있다. 일부는 분기별 보고서를 발행한다. 보통 짧은 문서로, 거래량과 이익을 간략하게 소개하고 요약 대차대조표를 포함하나 주석은 없다. 일부 기업은 사업부 부문별 정보를 주기도 한다. 감사 대상은 아니다.

설명서 및 상장 관련 세부사항

증권시장에 진입하는 기업들은 기업뿐 아니라 경영진에 대한 엄청난 양의 상세 정보를 제공해야 한다. 증권거래소 상장 규칙에 따라 자산, 감가상각, 정부 지원금, 간략한 기업 역사, 감사인, 은행가, 금융 어드바이저, 증권중개인, 사무 변호사, 사업에 대한 완전한 설명, 경영 세부사항(이사진은 집주소를 발행 내용에서 제외해달라고 할 수 있고, 사택에 반납되는 것에 포함할 수도 있음), 스태프 및 부지, 자금으로 무엇을 할 것인지, 즉각적인 미래에 대한 기대 등에 대한 정보를 요구할 수 있다. 그러므로 설명서는 기업이 발행하는 문서 중 기업에 대한 가장 포괄적인 정보를 다루고 있다.

AIM은 세부사항에 대한 요구사항이 덜 까다롭지만 그래도 많은 정보를 요구한다.

처분 및 인수에 대한 안내서

주주는 제안에 대한 세부사항, 그리고 상당한 규모의 인수에 대해서 전달받아야 한다. 왜, 그리고 어떻게 지불되는지 알아야 한다. 대부분의 경우 주주는 이사회의 인수 결정을 재가해야 할 것이다.

일부 입찰은 '적대적(hostile)'이라고 부른다. 공격적인 기업이 환영받지 않는 제안을 받는 쪽이지만 말이다. 이렇게 합의되지 않은 인수전이 발생하면 타깃 기업은 주주에게 문서를 보내서 경영 및 거래 기록을 방어한다. 그리고 앞으로 밝은 미래와 독립의 필요성을 강조한다. 주로 많은 양의 정보 공개, 회계정보 및 전망을 포함하고, 규모로 보면 연간보고서와 견줄 만하다. 가끔은 제안 금액이 커지면 이런 불안을 이겨내기도 한다.

뉴스레터

주주 충성도의 중요성이 최근 증가했다. 기업은 주주에게 뉴스레터를 보내 주주의 행복도를 유지하려 한다. 심지어 더 흔하게 매거진과 작은 신문을 직원에게 보낸다. 이들은 연간 회계정보의 요약본을 받는 경우도 있다. 신경 쓰지 않는 기업들은 가끔 인하우스 매거진과 주주 보고서에서 다른 이야기를 한다.

13

그 외 출처

자사주 매입

기업이 자사주를 다시 사들인다면 질문을 해야 할 것이다. 잉여 현금이 남는데 사업을 더 키울 아이디어는 없는 것일까? 아니면 경영진이 투자처를 찾지 못한 탓일까? 아니면 주식당 수입을 증가시켜 숫자를 좋아 보이게 만들려는 것일까? 그러면 주가가 오르니까? 아니면, 인수를 통해 과대평가된 자산을 사들이는 것보다 현명한 선택이라고 생각할까?

기업이 다시 사들인 주식은 소각될 수도 있고, 나중에 내보내기 위해 보관할 수도 있다.

이사 거래

기업은 증권거래소 당국에 이사진의 주식거래에 대해서 전달할 의무가 있다. 증권거래소 뉴스 시스템에 전달되고, 많은 신문사가 전달받는 경우도 있다.

이사진은 매도에 대한 납득할 만한 근거를 들 수 있는데, 상황을 주시하고 확인하는 것이 좋다. 이사진도 자녀 교육비를 지불하고 유산 상속세를 낼 필요가 있다. 도르도뉴에 작은 집을 사야 할 수도 있고, 이혼해서 돈이 필요할 수도 있다. 그렇지만 왜 이사진이 돈을 구하기 위해 주식을 파는 것일까? 납득 가는 설명이 없다면, 왜 상당한 양의 주식이 팔리고 있을까? 주주가 모르는 것을 관리자가 알고 있는지 의문을 품어야 한다.

반대로, 이사회 구성원이 보유량을 늘리고 싶어 한다면 내부 정보에 따른 결정이 아닐지라도 좋은 상황이다. 이사진은 민감한 정보를 갖는 마감된 기간(closed period)이 아닌 경우에만 주식 거래가 가능하다. 민감한 정보란 기업 최신 결과나 수주한 계약에 대한 뉴스를 뜻한다.

유행(fashion)

유행은 여성패션보다도 주식의 세계에서 더 큰 장악력을 보이고, 덧없기도 하다. 인터넷 버블은 유행의 대표적인 사례로 거론된다. 과거에도 광산 기업, 바이오 기술, 소프트웨어 등을 둘러싸고 광적인 사태가 발생한 적 있다. 하지만 이 산업들의 주가는 최소한 기저의 사업 기회와 연관성이 있었고 사업의 시스템이 정말 변하고 있었던 건 맞다. 그러나 얼마나 많이 그리고 빠르게 변할지는 아무도 몰랐고, 거래에서 누가 승리할지 아는 사람은 더욱 드물었다. 결과적으로 인터넷 기업의 가치를 평가할 명확한 방법이 없었다. 가치평가가 어려웠던 또 다른 이유는 소프트웨어 제조사, 인터넷 서비스 제공자, 리테일 업체 등 인터넷 섹터 내 세부 업종 형태가 다양했기 때문이다. P/E 비율이 이상해지거나, 관련성이 사라졌다(수입이 없었다). 그리고 모두 기업들이 과대평가되고 있다는 사실을 알고 있었지만 멈출 방법은 없어 보였다. 이 상태가 끝날 때까지 계속됐다.

유행은 헛된 희망에 근거하는 것처럼 보이기도 한다. 기억할 요점은 두 가지다. 기업의 진짜 가치를 볼 수 있다면, 인터넷처럼 전망이 좋은 분야에 투자하는 것이 틀린 답은 아니다. 그러나 히스테리에 낚이는 것은 바보짓이다. 실제 사업 기회에 근거한 호황과 시장의 폭리에 의한 스쳐 지나가는 유행을 구별하는 것이 정말 중요하다.

은행업, 보험, 제약, 리테일 등 여러 분야에서 큰 인수 건이 발생하면 다른 이들도 따라 할 것이라고 생각하는 분위기가 있다. 그러면 비슷한 기업 주식이 갑자기 올라간다. 사람들이 서로 따라 하기 때문에, 금융 어드바이저가 고객에게 남은 파이를 잡으라고 해서, 또는 경영진이 뒤떨어질까봐 두려워해서 사실이 되는 경우도 많다. 주택금융조합과 보험회사의 주식회사 전환이 그랬다. 하나가 공개기업이 되자 나머지 기업 소유주들이 단기 이익의 유혹을 떨치지 못했다.

이렇게 업계 내 질서가 바뀌면, 시작 시점에 눈치 빠른 사람들이 인수의 타깃으로 보이는 기업에 투자하고 주가가 오를 것이다. 비슷하게 카

펫 배거(carpet bagger, 단순 사적 이익을 위해 협동조합을 주식회사로 상장시키려는 사람을 뜻하는 영국 속어_옮긴이)들은 주택금융조합에 진입해 수천 파운드의 주식을 빠르게 발라냈다.

이런 유행은 한 해를 넘기는 경우가 많지 않다. 추세를 읽는 빠른 속도가 필요하다. 뛰어난 결과를 볼 수 있다. 다섯 배에서 스무 배까지, 몇 개월 안에 보유량 가치를 늘리는 것이 가능하다. 그런데 하늘이 무너지기 전에 빠져나오는 것이 중요하다. 한편 제대로 엔진을 갖추지 못한 차에 탑승하는 것은 위험하다. 기업이 무슨 일을 하는지, 왜 가치가 높게 평가되는지 이해하지 못한다면 피하자.

증권중개인 / 투자 어드바이저

통상적인 거래 서비스 이상을 제공하는 증권중개인이나 투자 어드바이저가 있다면 조언과 정보를 얻을 수 있다. 좋은 조언이라고 해서 똑똑한 투자자는 가만히 있지 않고 듣는 그대로 받아들이지 않는다. 정보력을 갖추고 시장을 논하고 똑똑하게 니즈를 소통할 수 있어야 더 좋은 조언을 받을 수 있다. 투자자는 계속 발을 맞추고 우선순위가 명확해야 한다. 허세 있어 보이는 내부 용어에 당황하지 않게 되고, 아이디어가 올바른지 알아보는 데 도움을 준다.

정규 금융 어드바이저가 없고 자문을 믿지 않는 사람이라면 다른 소스를 찾아야 한다. 증권중개인의 안내문은 일반적으로 직접 또는 언론을 통해 받아볼 수 있다. 하지만 이런 정보는 최우수 고객이 이미 듣고 조치를 취한 다음에 보게 될 것이다. 기업에 대한 배경 설명, 계산, 전문가의 감, 그리고 시티 측에서 주식을 어떻게 바라볼지에 대한 내용을 담은 유용한 정보다. 감을 확인하고, 주가가 어떤지 확인하고, 추가적 도움으로 결정을 내릴 수 있다.

중개인의 조언을 받을 수 없다고 해서 슬퍼하지 말자. 증권중개인도 누구나 그렇듯이 잘못할 수 있다. 자동차 제조사 브리티시 레일랜드(British Leyland)의 예를 살펴보자. 망하기 2년 전 즈음 투자자들은 다루기 힘든 노조, 변변치 않은 근로자 정신, 근시안적 경영과 기업이 시장이 원하는 차를 만들지 못한다는 징후, 그리고 필요한 변화를 이룰 수 없다는 점에 대해 긴장이 고조되고 있었다. 그래서 주가가 계속 떨어졌다. 그럼에도 불구하고 증권중개인은 사기 좋은 주식이라고 했고 멈출 수 없는 지급불능 상태가 될 때까지 계속됐다.

· 8장 ·

주식거래 시 필요한 것

How the stock market works

조언을 제공하는 사람들은 2,000파운드(약 320만 원)가 단일 투자에 적절한 최소 금액이라 한다. 그러나 최소 3,000파운드를 추천하는 사람도 많다. 한번에 더 작은 금액을 거래하는 것도 가능한데, 수익을 만들기 위해 장벽을 하나 더 세우기도 한다. 증권중개인은 거래 최소 가격을 설정하고 거래 비용이 이익을 압도할 수도 있다. 만약 소기업 주식 거래를 하고 있고 호가 스프레드(매수가격과 매도가격의 차이)가 크다면 잠재 이익의 기준은 더 높아진다. 그리고 거래에 매기는 세금도 존재한다(12장 참고).

예를 들면, 500파운드 거래 비용이 20파운드라면 주식이 8%보다 더 많이 올라야 돈을 잃지 않는다. 거래 스프레드도 기억해야 한다. 220p 주식이라면 18p보다 더 올라야 투자자가 혜택을 볼 수 있다. 가능한 일이지만, 자기 자신에 대한 변수다. 그러나 증권중개인 간 경쟁으로 매일 인터넷 사이트도 증가하고 비용이 내려갈 수 있으며 최소 경제적 투자가 가능할 수 있다.

마크 트웨인은 "달걀을 모두 한 바구니에 넣는 것은 문제가 없지만, 바구니를 주시해야 한다"고 했다. 증권시장은 그렇게 작용하지 않는다. 한 기업에 모든 주의를 기울이고, 수치를 분석하고, 가능한 모든 보고서를 읽어야 한다. 놀라운 점은, 지표가 괜찮아 보이더라도 하락세를 겪을 수 있다는 것이다. 갑자기 외부 변화가 닥칠 수 있고, 관리자가 무능하면 상황을 알아내지 못한다. 외부인도 이익 경고가 나오기 전까지, 또는 인수를 원하는 사람이나 청산인이 나타나기 전까지 문제를 볼 수 없다.

그러므로 안전을 위해서는 여러 기업에 리스크를 분산시켜야 한다. 상대적으로 소규모 투자자를 위해서 최소 10곳의 기업을 포트폴리오에 넣어야 한다. 하지만 이것은 궁극적인 안전처고, 모든 사람이 2만 파운드를 가지고 있어야 증권시장에 진입할 수 있는 건 아니다. 공공연히 알려진 리스크를 줄이기 위해 할 일이 있다는 뜻이다. 투자의 주된 목표는 수용 가능한 리스크에 대해 괜찮은 수익을 달성하는 것이다. 한 가지 주식은 리스크가 크지만, 더 많은 기업의 주식을 보유할수록 전체 증권시장에서 내가 가진 주식 보유량이 갑자기 무너질 가능성이 줄어든다. 몇 년에 걸쳐 다양한 주식에 투자하는 것도 가능하다. 대부분 어드바이저는 기회를 잡기 위해 사용 가능한 현금을 어느 정도 가지고 있는 것이 좋다고 이야기한다.

정말 부유한 투자자라면 부동산, 예술품, 벤처캐피탈, 통화펀드(currency fund)에 투자할 수도 있다. 전 세계 모든 분야에 주식투자를 할 수도 있다. 그러면 모든 리스크를 헤징하게 된다. 대부분의 사람은 한두 가지 위험을 상쇄하는 것이 최우선이다. 가장 분명한 두 가지 리스크는 인플레이션으로 돈이 손상을 입는 것, 그리고 기업의 무능으로 돈이 전부 사라지는 것이다.

운이 따라 준다면 단 하나의 주식에 투자하고, 한 해에도 몇 배로 불어날 수 있다. 기업이 망해서 투자자의 돈을 모두 쓸어갈 리스크를 상쇄할 수 있다고 생각할 사람도 있을지 모른다. 사실 이런 것은 극단적인 표현이다. 실제 보유한 주식은 아예 망하거나 천정부지로 치솟지는 않는다. 보통 수개월 또는 수 년 동안 그 자리에서 부진한 상태로 왔다 갔다 한다.

최소 안전 보유량을 2만 파운드라고 한다면, 굉장히 많은 금액으로 보일 수 있다. 하지만 상대적으로 연봉이 낮은 가정이라도 평생 벌 돈이 200만 파운드가 넘는다고 생각해보자. 비교하면 가능성이 있어 보인다. 안전한 소득을 위한 비용과 금액이 불가능한 상황이라면, 대안도 존재한다. 증권거래소의 혜택과 연결돼 있는 보다 부담이 적은 대안에는 투자신탁이나 유닛 트러스트가 있다(3장 참고).

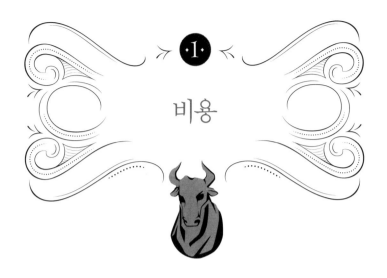

비용

산업화가 이루어진 국가 중 영국은 주식거래 비용이 높은 편이다. 물가 자체가 높다. 해외거래는 더 저렴하고, 속도나 정보력에 대한 불만도 적다. 일부 미국 중개인은 소규모 투자자가 주식 상장 과정에 참여하게 해준다. IPO 혹은 기업공개라고 부른다.

모든 미국 중개인이 친절한 자선 사업가는 아니다. 월스트리트에 대한 고전 서적이 있는데, 40년 넘도록 정기적으로 다시 출판되고 있으며 주식중개인이 쌓은 부에 대해 묘사하고 있다. 그 제목은 〈고객의 요트는 어디에 있는가(Where Are the Customers' Yachts?)〉다. 경쟁과 기술은 이 모든 것을 바꾸고 있는 듯하다.

증권거래소를 보면 소규모 개인 보유자는 걸리적거리는 대상으로 여겨진다. 소규모 투자자는 거래량도 적고, 비용은 대규모 거래와 비슷하다. 그리고 주주는 상어들이나 어리석음으로부터 보호받아야 한다. 고소를 하거나 비방을 목적으로 하는 기삿거리를 줄 수도 있다. MP들이 이해관계에 알맞게 이슈를 일으킬 수도 있다. 그러나 시장에 소규모 투자자는 필요하다. 주요 기관 보유자의 단기적인 태도에 대한 방책이라 할 수 있다. 일반적으로 민간 투자자는 소규모 기업을 위한 시장이 되어주는데, 이런 기업은 주요 금융회사의 실질적 투자처는 되지 못한다.

중개인 수수료

리테일 투자자는 추천하는 상품을 내는 기업으로부터 수수료를 받지 않을 수도 있는 금융 어드바이저에 수수료를 낸다. 주요 거래비용은 중개인 수수료에서 온다. 중개인의 종류, 업무 분야, 거래 규모에 따라 달라진다.

온라인 중개인 비용은 3파운드에서 시작하는데, 스프레드를 비롯한 다른 수수료가 붙기도 한다. 대부분의 큰 중개인은 거래당 최소 10~15파운드를 청구하며, 거래량에 따라 차등제 기준이 있다. 물론 20~25파운드까지 청구하는 사람들도 있다. 2,500파운드는 1.5%의 비용을 초래할 수 있고, 0.75%로 떨어지거나 주요 거래의 경우 더 아래로 떨어지기도 한다. 그리고 일회성 비용이 CREST 진입에 따라 최소 10파운드 붙을 수 있다. CREST는 주식 보유에 대한 증권거래소의 전자 등록처다.

새롭게 진입하면 초반에는 비용을 청구하지 않고 주식을 사도록 끌어들이는 경우도 심심찮게 볼 수 있다. 기타 온라인 비교 사이트에 다른 선택지가 나와 있는데, 추가 정보가 있어야 점검할 수 있다.

스프레드

거래의 비용도 존재한다. 중고차를 팔아 본 사람이라면 알겠지만 내가 사는 입장인지 파는 입장인지에 따라 가격은 크게 달라진다. 주식도 똑같다. 트레이더도 먹고 살아야 한다. 딜러가 굶어 죽지 않기 위해서 리스크에 따라 스프레드도 달라진다. 보더폰, 바클레이즈 은행(Barclays Bank), 유니레버 등 FTSE 100 기업들은 거대한 시가총액, 수천 명의 주주, 그리고 매일 정기적 거래량을 가지고 있다. 이런 기업은 상대적으로 1% 아래의 낮은 스프레드를 갖는데, 0.03%까지 낮아지는 경우도 가능하다. 반면 규모가 아주 작고 주주도 거의 없고 거래량도 미미한 기업이라면 스프레드가 10%가량 되기도 한다.

이는 악순환을 초래하기에 소기업과 주주에게는 좋은 일이 아니다. 소기업 주식으로 수익을 내는 것은 훨씬 어려운데, 주가가 많이 올라야 스프레드를 상쇄할 수 있기 때문이다. 낙관주의자도 낙심하게 되고, 주식 거래량은 더 줄고, 스프레드는 더 커진다.

조언 및 포트폴리오 관리

금융 어드바이저의 도움을 받아 투자처를 선택한다면, 조언을 제공하기 위한 조사 및 전문 지식에 대한 비용이 따른다.

투자를 준비할 때 정말 재미있다고 생각하는 사람들도 있다. 도박사의 감, 논리적 분석, 이익 전망, 고연봉 전문가를 능가할 가능성, 그리고 난해한 금융 용어 등을 보고 일부 사람들은 매료된다. 어떻게 보면 돈을 벌 수 있는 최고의 취미가 될 수 있기에 좋은 현상이다.

이런 자신감, 열정, 그리고 시간 없이도 투자를 살펴볼 수 있는데, 이때 투자자는 간헐적인 주기를 갖게 된다. 이런 사람들은 신문에 나오는 시티 관련 페이지를 읽고, 경기 흐름을 주시한다. 투자를 정기적으로 타당하게 재평가하고, 최선의 경로를 결정한다.

조언도 그렇지만, 전문적 도움을 받는 것도 방법이다. 포트폴리오 구축만이 아닌 운용에도 적용된다. 일부 독립 금융 어드바이저와 자산 관리 기업은 2만 5,000파운드부터 포트폴리오를 맡기도 한다. 하지만 5만 파운드 아래는 살펴보지도 않는 기업도 많다. 수수료 구조상 가치가 없기 때문이다. 많은 관리자는 10만 파운드 이상을 선호한다. 이런 경우, 공식적인 제도를 통할 수 있다. 증권중개인으로부터 조언을 받는데, 여전히 매수 및 매도 그리고 금액에 대한 최종 결정은 투자자의 것이다.

또 하나의 대안은 '자유재량' 관리로, 선호 및 기준을 (5장 및 6장 참고) 중개인/관리자에 넘기는 것이다. 이들은 증권과 시점을 모두 선택하게 된다. 물론 비용이 든다. 연간 1,000파운드의 고정 수수료가 붙거나, 관리 포트폴리오의 비율에 따르기도 한다. 크기에 따라 0.5~1% 사이가 될 수 있다. 당연히 이런 재무에 대한 권한은 믿는 사람에게만 주어야 하고, 주시해야 한다. 일부 증권중개인은 커미션을 위해서 지속적으로 매수 및 매도를 반복했다는 것 때문에 징계를 받기도 했다.

조언, 정보, 관리 비용이 가치 있는지는 개인의 결정에 달렸다. 대부분의 초보자에게는 그럴 수 있지만 경험이 쌓이고 금융 데이터를 탐색하는 방법을 익히고 신문과 매거진에 나온 방식에 익숙해지면 홀로서기로 결정하는 사람도 많다. 금융 어드바이저가 전략이나 포트폴리오 관리를 봐주고 있다면 투자 실적이 평균보다 우세한지 종종 확인해야 한다. 인덱스 펀드나 ETF 투자로 쉽게 가능할 것이다. 더 우세하더라도 2차 계산으로 실적을 확인해 관리 수수료 값을 하는지 살펴야 한다.

자신감과 경험을 쌓고, 용어 및 심리를 익히면서 유령 포트폴리오를 운영하는 것도 역량을 측정하는 방법이다. 무엇을 매수하거나 매도했을지 정하고, 주식, 일자, 전체 비용을 기록하라. 간헐적 가상투자 이후 1년 정도 흐르면 포트폴리오 실적을 확인하고, 전문가가 운용하는 것과 비교해보라. 가상 포트폴리오가 전문가들을 능가한다 해도 미래에도 그럴 것이라고 가정하는 것은 교만에 가까운 자신감이다. 현실적이어야 한다. 요행인지 정말 잘했는지 보자. 홀로서기를 택한다면, 단순 집행 (execution-only) 계좌로 전환 가능할 것이다(9장 참고).

세금

시장을 조성하는 사람들, 증권중개인, 어드바이저가 수수료를 챙기면 이제 정부가 돈을 가져간다. 우리가 모은 돈에서 주식인지세라 부르는 세금을 떼 가는데, 영국 보통주 매수량이 1,000파운드 넘으면 0.5%의 비율로 세금이 붙는다. 영국 기업, 영국 주식 명부가 있는 외국 기업, 권리 및 옵션에 해당한다. 심지어 이미 과세대상인 소득을 활용해서 매수한 것이라도 말이다. 세금에 대한 더 많은 내용은 12장을 참고하라.

· 9장 ·

주식
거래
방법

How the stock
market
works

증권시장은 코벤트 가든, 스미스필드, 또는 빌링즈게이트 시장과 근본적으로 크게 다르지는 않다. 거래되는 대상이 순무, 돼지고기, 해덕대구, 또는 막스 앤 스펜서(Marks & Spencer) 주식이다. 구매자와 판매자와 합의된 가격과 중개인이 있다. 그런데 식료품 시장에서는 당근 2분의 1 파운드 주문을 반기지 않는다. 마찬가지로, 증권거래소도 민간 투자자가 전자기기를 가지고 정보를 캐는 상황에 긴장하고 있기 때문에 중개인을 통해 컴퓨터로 지시사항을 전달하게 한다.

영국에서 최초 기록된 조인트스톡컴퍼니는 1553년 설립되었다고 한다. 그 목적은 북동향 경로를 통해 동양으로 가는 여정의 자금을 충당하기 위해서였다. 북부 스칸디나비아 폭풍에서 두 척의 배에 탑승한 모든 선원은 동사했다. 세 번째가 아크엔젤에 닿았으며 모스크바에 상륙했다. 차르황제와 폭군 이반이 있는 당시 모스크바는 그들이 갈 수 있던 곳 중 동양에 제일 가까웠다. 그렇게 무역을 연결하기로 합의하게 된다. 좋은 상황이었고, 연결로 기업 신뢰도가 생겨났으며 다른 이들도 이 방법을 따라 해서 돈을 모았다.

조인트스톡컴퍼니가 늘어나면서 무역 관련 2차 사업이 떠올랐다. 런던 금융기관(런던 로이즈, 보험시장, 그리고 발트 해운거래소 등)처럼 뉴 조나단(New Jonathan's)이라는 카페에서 생겨났고, 사업이 성장하면서 무역업자들은 그 영역에서 이어나가서 1773년 증권거래소라는 이름을 얻는다.

어려움이 없진 않았다. 가장 악명 높은 악재 중 하나가 바로 남해 버블 사건이다(10장에 기타 사례를 후술). 미심쩍은 배경이나 불행한 결과물은 또 있었다.

국내 20곳의 다른 거래소가 있었다. 하지만 런던 거래소로 합쳐졌다. 보통 이 시장이 메인 시장이거나 주요 기업의 공식 목록을 찾아볼 수 있는 곳으로, 거래별로 분류하기도 한다. 추가로, AIM도 존재하는데 보다 연차가 낮은 기업으로 완전한 상장을 위해 필요한 거래 기록을 가지고 있지 않은 기업, 또는 더 작은 기업을 볼 수 있는 곳이다. 그리고 전환 상품, 채무 인수증이나 주식예탁증서 등 전문가 증권상품을 다루는 전문증권시장(professional securities market)이 존재한다. 일반 투자자보다는 시장 전문가를 겨냥하며, 상품이 비싸다. 전문 펀드 시장은 이름만 봐도 알겠지만 기관투자자, 전문투자자, 혹은 많은 지식을 갖춘 투자자를 겨냥한다.

주식 매수 및 매도 방법

주식시장과 육류 및 채소 시장 사이의 중요한 차이점이 있다면, 주식 시장은 실제 세상에서 몇 단계 떨어져 있다. 주식은 몇 마일 떨어져 있기도 하고, 심지어 해외에 위치한 기업의 이해관계를 나타내기도 한다. 그 이해관계의 소유권을 증명할 종이 한 장도 없다. 단순히 컴퓨터 기록이 남아 있다. 거래가 점점 전자식으로 변하면서 컴퓨터로 거래를 하고, 지불 역시 전자식으로 자금을 이전시키는 방식으로 변하고 있다. 컴퓨터 게임처럼 변하는 것이다.

중개인 이용하기

도매시장도 그렇지만, 소규모 사용자는 전문 딜러가 있어야 투자를 진행하거나 매도를 할 수 있다. 서비스를 제공하는 기업 사이에 경쟁이 존재하고, 어느 기업을 사용할 것인가는 필요한 서비스 종류에 따라 달라진다. 그렇지만 경계선은 점점 모호해지고 있다. 대부분은 유선 및 온라인 거래를 모두 지원하고, 일부 거래(해외주식 등)의 경우 유선 연락만을 고집하기도 한다.

전문 기업을 고르는 것은 항상 어려운 일이다. 건축가, 치과의사, 변호사, 의사 모두 마찬가지고 투자 중개인도 다를 것 없다. 금융 관련 역량도 있지만, 기술적 효율도 중요하다. 은행이나 주택금융조합처럼 규모가 크고 중심가에 위치한 금융기관도 있다. 전국적으로 지점이 있고, 홍보자료를 흔히 볼 수 있다. 소규모 투자자의 니즈를 위한 경력을 쌓은 훌륭한 로컬 기업도 존재한다. 국내에서 잘 알려진 기업들과 대등한 실적을 보여줄 수 있다. 또한 컴퓨터나 전화로 운영하는 중개인도 많은데, 전문 분야, 비용, 서비스가 각기 다르다. 선택을 위한 최선의 방법은 추천이다. 만족한 고객으로부터 추천받는 것이 좋다. 두 번째로 좋은 방법은 신문이나 매거진 논평 기사를 참고하는 것이다. 사람, 건물, 조직 등을 직접 보지 않고서는 중개인이 얼마나 뛰어나거나 효율적인지 알기 어렵다. 그래서 투자자는 평판, 추천, 신문의 의견에 의존하게 되는 것이다. 하지만 가끔 의견 설문조사도 진행된다.

브로커나 중개인이 승인을 받았고 시티 당국의 감독을 받는지 꼭 확인하라. 품질 모니터링 측면에서도 그렇지만, 불만사항을 전달하고 보상을 요구할 때도 중요하다.

또 다른 위험 요인은 컴퓨터 사용이다. 집에서 화면을 바라보고 정보에 접근성을 가지면서 데이터가 포괄적이고 믿을 수 있다고 생각하기 쉽다. 그리고 빠른 결정을 내리게 된다. 모노폴리 게임처럼 생각하면서, 클릭 한 번으로 투자를 하기도 한다. 그러다가 가족이 애써 저축한 돈을 날릴 수도 있다.

온라인 증권중개인과 함께 진행하려면 웹 사이트에 들어가서 등록 지시사항을 따라야 할 것이다. 대부분 지불을 위해 현금 계좌를 요구하고, 거의 대부분 거래를 커버하기에 충분한 중개수수료가 있어야 한다고 한다. 만약 규모가 당장 구매량보다 크다면 돈을 실제로 투자할 때까지 이자를 지급한다. 하지만 다른 곳보다 낮은 경우가 일반적이다. 타인의 열람을 방지하기 위해서 비밀번호가 있어서 로그인할 수 있다. 투자에 끼어들지 않게 하려는 목적도 있다. 그리고 시스템 접속을 위해 필요한 소프트웨어 최소 사양을 설명한다.

중개인을 고를 때, 경험을 통한 추천을 받는 것이 유용하다. 몇 개의 질문을 할 수 있는데, 서비스 품질, 약정, 계획대로 되지 않을 경우 보상에 대한 질문이다.

증권중개인은 시장에서 주문을 처리해서 개인 투자자를 위해 행동할 수 있다. 고객은 합의한 계좌를 가진 중개인에게 전화하거나 인터넷에 있는 기업에 더 흔히 연락한다. 그리고 매도 혹은 매수 주문을 전달한다. 보이지 않는 위험이 도사리는 분야이고, 직접 돈을 전달해주는 사람도 없기에 걱정될 수 있다. 하지만 상황이 빠르게 변하고 있다. 웨이터가 신용카드를 받아간 뒤 20분간 돌아오지 않아도 우리는 걱정하지 않는다. 웨이터가 내 카드로 쇼핑을 하거나 번호를 읽고 타인에게 알려줄 것이라고 걱정하지 않는다.

온라인 거래에서 신용카드 번호를 추출한 학생들이 있다는 소문도 있긴 했다. 하지만 그런 사건으로 인해서 돈을 잃는 사람은 거의 없다. 자동차 도난이나 주거 침입 강도보다 빈도가 훨씬 낮다. 해커가 컴퓨터에 진입하거나 내 돈으로 거래를 할 위험은 상당히 낮다. 바이러스의 위험은 있지만, 바이러스 체커를 계속 업데이트하면 피할 수 있으며 이런 것은 인터넷 사용자 모두에게 적용된다.

유럽에는 온라인 증권 중개 계좌가 수백만 개 존재하며 더 증가하고 있다. 많은 사람들은 특정 중개인이나 시장에 충성도를 갖는 것이 아니라 안전하고, 저렴하고, 편리한 거래를 추구한다.

보다 모험을 즐기고 미국 주식을 구매하려는 사람들은 미국 중개인을 찾을 수 있다. 영국 증권중개인보다 저렴할 가능성이 높고, 심지어는 미국 중개인들의 유럽 지점보다도 저렴할 수 있다. 미국 시장의 스릴은 단타 거래다. 소폭의 등락을 알아차리고 하루 안에 시장을 들락날락해야 한다. 인기가 있고 많은 책들이 실전에서 어떻게 돈을 벌 수 있는지 설명하지만 일반 투자자가 돈을 버는 경우는 드문 것 같다. 많이들 크게 잃는다.

미국 시장은 어디서든 전화 및 컴퓨터로 접근 및 조직 가능하다. 일부 중개인은 음성인식 시스템으로 전화연락을 해서 주가를 전달한다. 거래 중개인이 증권중개인이거나 독립 금융 어드바이저라도 서비스 방식은 기본적으로 세 가지다. 자유재량, 자문, 혹은 단순 집행이다.

자유재량

실질적으로 투자자는 어드바이저에 통제권을 주게 된다. 전반적 계획이나 전략은 2장에서 설명한 것처럼 정하며, 리스크, 시간, 자본성장 또는 소득과 관련 있다. 우선순위와 목표를 정하기 위해 먼저 길게 토론하며, 내 돈으로 무엇을 하고 싶은지 중개인이 알아야 도움을 줄 수 있다. 그러나 그 후에는 전문가가 언제 무엇을 사고팔지 결정한다. 그러므로 무결성, 판단, 그리고 효과 측면에서 신뢰할 수 있는 사람이어야 한다.

이 접근법은 경험이 있는 시장운영자를 사용한다는 것이 장점이다. 일반 투자자보다 지속적으로 정보에 접근할 수 있는 사람이다. 빠르게 반응한다는 것도 좋다. 어드바이저나 증권중개인은 시장의 움직임에 즉시 반응할 수 있고, 투자자가 눈치채거나 승인하기까지 기다릴 필요 없다. 당연히 가격이 붙는다. 전문 지식에 대한 값을 치러야 한다.

자유재량 서비스는 적당한 금액의 초기 현금이나 보유량의 최소한도를 요구한다. 최저치가 약 1만 파운드지만, 5만 파운드나 10만 파운드가 더 흔하다. 관리 수수료는 포트폴리오의 0.5~2% 정도 한다. 투자자는 포트폴리오를 전달하고, 중개인에게 가능한 관리 권한을 준다. 사고파는 권한을 비롯해서 적정하다고 생각하는 만큼 준다. 어떤 투자를 했는지, 가치는 얼마나 되는지에 대한 보고서를 정기적으로 받고 거래에 대한 통지를 받는다. 일부 중개인은 은행계좌, 연금, 심지어 보험까지 관리해준다.

독립/제한 어드바이저는 자유재량 서비스를 제공하지 않는다. PIMFA 소속 일부 중개인 구성원은 엄격한 영국 및 유럽연합 규제를 적용받으며 하기도 한다.

자문

포트폴리오 통제권을 원하지만 동시에 전문가 조언을 원하는 투자자는 제안을 받을 수 있다. 모든 제안이 거래로 이어지지 않을 수 있다는 가정을 한다. 전부 다 양도하고 어드바이저가 하게 두는 편이 쉬울 것이다. 초보자로서 시장에 참가하는 사고방식을 배우고, 어떻게 행동을 하게 되는지 알아가고, 정보력을 갖춘 의견을 받을 수 있다. 투자를 전체적으로 통제할 수 있게 되기 전에 배우는 과정의 한 종류라 할 수 있다.

조언을 제공하는 증권중개인 같은 기업이라면 리스크와 고객 커버리지를 비롯한 항목에 대한 적합성 규칙을 준수해야 한다.

당연히 이 서비스도 수수료를 내야 한다. 자유재량 운용보다는 저렴하다.

단순 집행

본인이 원하는 것과 찾는 방법을 알고 있다면, 시장을 살펴볼 충분한 정보와 시간이 있다면, 혼자 진행해서 비용을 절감할 수 있다. 웹 사이트나 전화 연락으로 할 일을 지시하기만 하면 된다. 일부 중개인과 어드바이저는 무료 서비스를 제공한다. 기초 차트나 포트폴리오 평가 등을 제공하고, 증권중개인 안내서의 요점 중 일부를 줄 수도 있다.

단순 집행 형식은 투자 플랫폼이라고도 한다. 20가지가 넘게 존재하고, DIY 투자자를 위한 온라인 시스템인 경우가 많다. 가장 저렴한 플랫폼은 펀드 등 제한적 투자만 지원한다. 고급형도 있는데, 비용이 더 높고 기업에 대한 세부사항, 가격 차트, 투자 리서치 그리고 심지어 분석 툴 같은 도움도 제공한다. 대리인 계좌에 주식을 보유하고 투자자로 하여금 ISA나 자기투자 개인연금에 증권을 넣을 수 있게 한다. 가정집 컴퓨터뿐 아니라 휴대폰으로도 가능해서 기차를 타거나 펍에 있을 때도, 그리고 친구들과 있을 때도 투자가 가능해진다.

거래

보통 거래 지시사항이 생기면 중개인은 최선을 다해 거래한다. 가능한 싸게 사고 비싸게 파는 것이다. 또 다른 선택지는 중개인에게 한계를 정해주는 것이다. 살 수 있는 최고 가격과 팔 수 있는 최소 가격을 정해준다. 보통 이런 한계는 24시간 동안 유지되는데, 일부 중개인은 더 길다.

거래가 완료되면 중개인은 세부사항을 적은 메모와 얼마나 돈이 사용되는지 전달해준다. 주식 인증서를 받는 시간이 걸릴 수 있는데, 이건 부수적인 부분이다. 이미 주식 명부에 내 존재가 있으면 주식의 소유권에 대해 알 수 있다. 불편하다면 중개인이 '대리인' 계좌에 주식을 두게 할 수 있다. 또는 증권거래소의 전자식 등록처인 CREST에 등록할 수 있다.

주식시장

주식시장은 물리적으로 존재하는 시장이었고 사람들이 만나고 거래를 흥정하는 곳이었다. 하지만 이제 전자식으로 자유로워졌고, 시장은 모든 곳에 있지만 어디에도 없다. 당국 모니터링이 더 어려워졌고, 투자자는 거래가 진짜 되었는지, 가격은 맞는지, 주식이 정말 전달되었는지 확인하기 쉽지 않다.

런던 시장은 제일 작은 기업 거래에 대해서는 SEAQ라 불리는 소프트웨어를 쓴다. 대부분의 거래에 대해서는 리테일 서비스 제공자를 사용하는데, 리테일 거래의 94%를 차지한다. 나머지는 기관에서 활용하는 SETS(증권거래소 전자 트레이딩 시스템)에서 진행한다. 주문 매칭 시스템으로, 구매자와 판매자가 요구사항을 게시하고 가능하면 컴퓨터가 짝을 매칭해준다. 화면에는 중개인도 투자자도 나오지 않고, 거래의 양

당사자만 구매자와 판매자의 신원만 알게 된다. 그리고 유동성이 덜한 (거래량이 덜한) 증권의 경우 SETSqx가 존재한다.

기업들이 시장조성자(MM)가 들어가는 전자 시스템인 SETS MM으로 이동해왔다. 입찰 및 제안 가격이 알려지고 있다. 이로 인해서 스프레드가 쪼개지고, 거래 주식 가치가 늘어난다고 한다. 완료 거래는 또 다른 컴퓨터에 전달돼 정산을 처리한다. CREST 시스템은 주식 인증서를 전자기록으로 대체해 종이로 하는 작업을 없애려 한다. 금과 현금을 은행의 컴퓨터 메모리로 바꾼 것과 거의 흡사한 방식이다. 이를 신뢰하지 않는 러다이트 투자자를 위해서 주식 인증서를 여전히 제공한다.

단순 집행 형식의 여러 중개인은 투자자의 보유량을 대리인 계좌로 넣어 간단하게 만든다. 그러면 주식이 CREST상에서 하나의 중개인 계좌에 등록돼 있고 기업 주식 명부에 있는데, 거래가 더욱 빠르고 저렴하게 이뤄진다.

기타 시장

기존의 주요 증권거래소가 경계선을 넘어 하나로 융합되는 추세고, 새로운 소규모 거래소도 나타나고 있는데 일부는 대규모 거래소와 연결돼 있다. 리테일 사용자는 일반적으로 이런 시장에 증권중개인을 통해 진입한다. 거래에 필요한 존재로 사용하는 것이다.

AIM 대체투자시장

보통 AIM이라는 약어로 많이 알려져 있으며, 런던 주식시장에서 소규모 기업을 위한 곳이다. 기업이 성숙해지고 커지면서 메인 시장으로 들어가므로 증권시장의 분가처럼 여겨지기도 한다. 이익 기록이 덜하거나 짧고, 상대적으로 얼마 안 된 기업이 진입할 수 있다. 하지만 AIM에 기업이 들어가는 비용은 상장에 들어가는 비용과 맞먹는다. 그래서 주된 매력 포인트는 허들이 낮다는 점, 그리고 홍보에 대한 접근성이다. 또 다른 문제는 메인 거래소의 상장기업 중 소규모 기업처럼 AIM 주식도 기관투자자에 따라 유행을 탄다.

그래서 소규모 투자자에게는 기회다. 인터넷 주식이 처음 AIM 시장에 도래하자 밝은 전망을 예측한 영리한 기회주의자들은 상당한 부를 쌓았다. 일부 주식은 며칠 안에 10배 오르기도 했다. 그렇지만 보장된 것은 없다. 왜냐하면 결국 해당 주식이 폭락했고, 명성이 높았던 기업도 같이 망했다. 그렇지만 더 작은 기업이 일반적으로 문제에 취약하다. 이 주니어 시장에 등장하는 기업들은 과장된 주가 움직임으로 고생할 수 있다. 보통 설립자가 주식의 많은 부분을 가지고 있기 때문이다.

비교적 신생 소기업에게 접근성을 주기 위해서 만들어진 시장이라 선진 기술 사업에 중요하고 목적은 규제 시스템을 더 가볍게 하는 것이다. 하지만 비판의 대상이 되었는데, 특히 라이벌 해외 시장에서는 AIM 시장 기업들이 규제 적용을 받지 않고 안전성이 떨어진다고 비판했다.

고성장(High growth)

빠른 글로벌 성장 전망을 지닌 중간급 및 대규모 기업을 끌어들이기 위해서 시장에 진입하는 보다 쉬운 경로를 고안해냈다. 상장을 할 수

는 없을지도 모르는 기업들을 위한 것이다. 좋은 성장 기록이 필요하고,
AIM처럼 또 다른 기업의 발판 역할을 하는 분야라고 한다. 여기서는
보통 요구하는 것보다 더 적은 보통주로 시장에 진입할 수 있다.

유로넥스트(Euronext)

암스테르담, 브뤼셀, 리스본, 더블린, 오슬로, 파리 거래소가 융합돼
만들어낸 주식 및 파생상품 시장이다. 그러므로 유럽에서는 런던 시장
바로 다음가는 크기를 갖는다. 런던 시장과 함께 이탈리아 증권시장을
사들이기도 했다.

유렉스(Eurex)

독일 Deutsche Terminbörse 거래소와 스위스 옵션 금융선물거래
소 SOFFEX가 합쳐 프랑크푸르트의 유렉스가 되었다. 유럽 대륙에서
가장 큰 파생상품 거래소다.

ISDX

더 작은 기업을 위한 AIM의 대안 시장으로, 런던의 주식시장이다.
FCA의 규제 대상이다.

터콰이즈(Turquoise)

시장 자본이 낮은 기업을 대상으로 하는 또 하나의 시장이다. 런던 증
권거래소가 대부분을 소유하고 있으며, 나머지 소유주는 12곳의 투자

은행이다. FCA의 규제 대상이다. 원래 유럽 19개 국가에서 보통주, 주식예탁증서, ETF, 그리고 신주발행 거래 가능 소유자와 기관투자자를 위해 만들어졌다.

나스닥(Nasdaq)

나스닥은 'National Association of Security Dealers Automated Quotations'을 줄인 이름이다. 뉴욕 증권거래소(빅 보드)에 이은 미국에서 두 번째로 큰 증권시장이다. 규모상 전 세계 4대 증권시장 중 하나고, 진입 비용과 행정 요구사항이 상대적으로 낮아서 많은 젊은 기업들이 특히 기술 분야에서 상장하게 되었다. 아마존, MS, Dell, 인텔을 비롯한 인터넷 기업들이 있고, 성장하고 나서도 머물렀다.

인터넷 주식거래 시스템의 위협에 맞서기도 했는데, 일부 동맹을 맺었다. 이런 제도는 점점 많아지고 있으며, 블룸버그, 로이터, MarketXT가 운영하는 것들이 있다. 컴퓨터 기반 시스템은 포스팅 후 나스닥 인터마켓(Nasdaq Intermarket)에서 거래 진행 가능하다. 뉴욕 증권거래소에 있는 주식도 여기 포함된다.

Bats Chi-X 유럽

시카고 옵션 거래소에서 나온 글로벌 마켓이 있고 네 곳의 옵션 거래소를 가지고 있는데 그중에는 시카고 대규모 거래소도 있다. BATS 글로벌 마켓과 산하에 있는 증권시장도 가지고 있다. 그중 하나가 Chi-X 유럽이다.

기타 경로

전자 거래소가 등장할 수도 있다. 인터넷은 계속 새로운 기회를 제공하고 있다. 자본을 끌어들이는 기업으로 인한 탈중개화(중개인 배제)라는 주제 역시 떠오르고 있다. 주식 발행으로 자금을 모집하는 것은 기업에게도 비용이 크다. 회계사, 변호사, 증권중개인, 상업 은행에도 대규모 수수료를 지불하게 된다. 만약 이 모든 것을 우회하고 인터넷으로 주식을 볼 수 있게 한다면 괜찮을 수 있다. 소규모 투자자는 기관이 먼저 행동에 나서기 때문에 신규 발행에 접근하지 못하는 경우도 많다. 또는 기업이 더 저렴한 경로를 택해서 기관이 주도적인 특성을 띠게 된다. 하지만 소규모 투자자에게 우회하는 것은 위험하고, 전문가가 기업을 살펴보고 수치, 관리자, 전망을 확인했다는 장점이 적다. 기업의 실제 상태가 어떤지 알기 어렵고, 관리자들이 능력이 있고 진실성을 갖췄는지 알기 어렵다.

· 10장 ·

주식
거래
시기

How the stock market works

주식 거래 시기에 대한 분명한 답은 저렴할 때 사고 귀할 때 팔라는 것이다. 저렴하다는 것은 과연 어떻게 정의할 수 있을까? 저렴한 것인지, 별로 좋은 주식이 아닌 것인지 어떻게 결정할 수 있을까? 경험이 있는 투자자들은 언제 매수할지 판단하는 것이 무엇을 매수할지 판단하는 것보다 중요하다고 이야기한다.

주식시장의 문제는 군중심리다. 미신, 탐욕, 유행, 불확실성이 있어서 시장이 상승 기조를 보이면 모두 몰려든다. 이익을 놓치고 싶지 않아서다. 추세가 계속될 것이라 생각하고, 어떤 일이 일어났는지와 상관없이 주가가 더 올라갈 것이라서 저렴하다고 판단한다. 반대로, 민간 그리고 기관 투자자는 저렴하다고 여겨지는 주식을 팔아버린다. 더 내려갈 것으로 예상하기 때문이다.

1710년부터 1720년까지 버블 기업들이 주식시장에서 무너졌다. 남해회사(원래 기업명은 '수산업 독려를 위한 남해 및 아메리카의 다른 지역으로 거래하는 영국 상인들의 기업과 총독')의 경우는 가장 악명 높은 사례다. 주식 발행 당시 100파운드였고, 1720년 초에는 '128파운드 10s 0d'였다고 한다. 8월이 되자 1,050파운드가 되었지만, 기업이 무너지기 전 그해가 마무리되는 시점에는 124파운드였다. 태평양 무역을 독점하는 대가로 국가 부채를 떠안은 기업에 대해 사람들은 열광하기 시작했다. 그런데 이들이 사업보다 주식 상승과 이사진의 복지에 더 신경을 쓰고 있다는 사실을 사람들은 깨닫게 된다. 버블이 생겼고, 기업은 무너졌고, 충격파는 다른 곳까지 전달되었다. 은행, 상점, 개인도 망했다.

1830년대에는 철도를 두고 광적인 사태가 발생했다. 기차와 조금이라도 관련 있는 기업은 투자자들로부터 인기를 누렸다. 최근에도 다른 비슷한 사태가 있었다. 컴퓨터에 인기가 쏠려서 전자 관련 주식이라면 다 올랐다. 인터넷 분야에서도 과도하게 빠르게 주가가 올라간 적이 있다. 바이오테크놀로지가 떠오르자 기적의 약물이 개발될 것이라고 생각하는 사람들도 있었다.

모두가 좋은 날이 다시 왔다고 생각한다면, 강세장은 이미 정점을 찍은 것이다. 타블로이드 언론도 증시에 대해 이야기하기 시작하고, 샴페인을 든 젊은 딜러의 사진이 많이 보이고, 진중한 자세를 가진 경제학자들이 이번에는 다르다고 이야기한다(자주 나타나는 증상이라 좋은 경고 지표). 대차대조표(balance sheet)와 침대시트를 구분 못하는 사람들이 주식을 사들이기 시작하고, 주식이 심하게 높은 P/E 비율과 낮은 수익률을 보인다. 시장이 바닥에서 다다랐다는 신호는 주가가 운명의 날이라도 다가온 것처럼 할인되고 있을 때다. 가격이 합리적인 예상에 비해서 더 많이 떨어질 수도 있다. 사실 주가에 대해 나쁜 소식을 많이 예상했기에 실제로 발생해도 반응하지 않는다. 조금만 좋은 소식의 기미가 보여도 가격이 올라간다. 이때 좋은 가치를 찾기 시작한다.

주식시장 국면 전환은 두 가지 중 하나의 방식으로 이뤄진다. 유가가 빠르게 급상승하기도 한다. 은행이 갑자기 증권에 대해 돈을 빌려주고 있다는 사실을 알아차리거나, 올바른 상태가 아닌 것처럼 보이는 무기력한 경우도 있다. 좋은 소식에 주식이 반응하지 못하지만 나쁜 소식에는 다시 반응한다. 최소한 그만 사야 한다. 상황이 나쁘면 기관과 민간 투자자는 자본주의의 종말에 대비한다. 저점이 가깝고, 경제가 쇠퇴하고 있으며 최소 2년간 그 상태일 것이라고 한다.

타당한 이유가 부분적으로 존재한다. 호황기에는 가처분소득이 높다. 직접투자, 연금 그리고 보험에 있어서 그렇다(기업 현금의 일부가 시장에 감). 그런데 불경기에는 실업이 발생하고 가계 자본이 네거티브 상태이며 임금은 인상되지 않는다.

시장이 쇠퇴할 때, 조심스러운 투자자는 저점이 보이는지 확인하기 시작할 것이다. 절대적 저점에서 구매하거나 고점에서 판매할 가능성은 드물다는 사실을 인지해야 한다. 둘 다 해내는 것은 전혀 고려하지 말고, 하나라도 어떻게 해낸다면 순전히 요행일 것이다. 막스 권터는 이렇게 말했다.

"신의 계획 중 당신을 부자로 만드는 것이 포함돼 있을 가능성은 낮다."

두 가지 가능한 타이밍이 있다. 시장, 분야, 또는 개별 주식이 내려가는데, 더 내려갈 공간은 많지 않다는 합리적인 감은 언제 오는가? 그리고 가격이 저점에서 다시 움직이기 시작하는 때는 언제인가? 하락의 타이밍을 잘못 잡으면 가격은 계속 내려가고, 도박사의 감을 지닌 어지간히 강한 사람이 아니고서는 파운드 비용 평균법(pound cost averaging)

을 시도하기 어렵다. 가격이 떨어지면 추매를 위해 동일한 금액을 다시 투자하는 방법이다.

　이 사고방식은 시장 전체에 적용되고, 개별 주식에도 그렇다. 성공한 대기업에 모든 사람이 오래 연금을 털어 투자했는데 갑자기 휘청거린다고 생각해보자. 몇 가지 실수를 저지르고, 수주하지 못하고, 시장을 잘못 계산하는 일이 발생한다. 이익 경고가 발동한다. 전문가들은 이렇게 환상이 깨지면 떨어진 별을 버린다. 소규모 기업이 망하고, 중간급 기업이 무너지는 경우도 있지만 규모가 크면 잘 사라지지 않는다. 오랜 기간 동안 레일랜드(Leyland) 그리고 폴리 펙 같은 경우들이 존재하긴 했으나 드물고, 2008년의 리먼 브라더스(월가의 가장 큰 은행 중 하나) 사태는 다행히 훨씬 드물다. 그렇지만 충격파를 보면 불가능한 일은 아니다. 이 사회가 실수를 바로 돌이키거나, 새로운 경영진을 데려오거나, 기존의 노선으로 다시 들어갈 수는 없을지라도 누군가 인수를 위해 기다릴 사람이 있을 가능성은 있다.

　가장 간단하게 보면, 투자자 목적 대부분은 시장 사이클의 반대로 가면 이룰 수 있다. 군중이 어디로 향하는지 보고 반대편으로 가는 것이다. 약세장이라 상황이 좋지 않아 보이고 주가가 더 폭락하고 기업이 넘어지게 될 것이라고 할 때 매수하려면 담력이 필요하다. 또한 강세장에서 주식이 더 오를지도 모르고 이익 일부를 버려야 한다는 생각을 하면서 이익을 얻는 것도 엄격한 태도가 필요하다. 이런 거래에 대한 증권시장의 옛말이 있다. 이익의 일부는 타인에게 남겨 두어라.

주의하고 신경 써야 한다. 시장 사이클과 반대로 가는 투자에 특화된 사람들은 보통 최초 두 번의 하락을 기다리고, 주가가 계속 낮은 흐름을 타고 있을 때까지 기다린 뒤에 매수를 시작한다.

두 가지 타이밍을 고려하자. 첫 번째는 시장 전반에 대한 것이고 두 번째는 식별한 개별 주식에 대한 것이다(2장에서 논의한 결정).

◎ 시장 전반에 영향을 주는 요인

- 일반적 경기 순환 (회복에서 침체 예상까지 포함 가능)

- 인플레이션의 수준

- 금리. 왜냐하면 소비자 수요와 사업비용에 영향을 주어 수익성에도 영향이 간다.

- 세율 및 변화

- 화폐의 상대적 힘. 왜냐하면 수입 비용과 수출업자 경쟁력에 영향을 준다.

- 정치적 상황. 선거 전망 및 유력 후보를 포함한다.

다른 영향력도 존재한다. 예를 들면, 런던 증시는 미국 증시에 반응한다. 최근 가격 움직임에서 정보를 찾고 정리할 수 있는 배경을 제시하며, 개별 기업을 점검하는 맥락을 설정한다.

19세기 말에 찰스 다우는 주가 움직임 패턴을 감지했다. 그는 월가 증권거래소 다우존스 지수 시작에 도움을 주었고 〈월스트리트저널〉을 만들었다. 그는 충분히 정기적 진행을 따라가면 가격을 예상할 수 있다는 것을 알아차렸다.

다우 이론에 따르면 큰 장기 패턴이 존재하고 '1차 트렌드'라고 할 수 있다. 이 패턴은 경제를 몇 해 동안 장악할 수 있는 강세장이나 약세장을 만들어낸다. 그 안에 단기 등락이 있고, 전체 추세를 거스르거나, 키우거나, 전환을 예측한다. 이것을 다우는 '2차 반응'이라고 칭했다. 마지막으로는 일일 변동이 존재하는데, 예상 가능하겠지만 '3차 패턴'이라고 불렀다.

회계사 랄프 넬슨 엘리엇(Ralph Nelson Elliott)은 이것을 확장시켰다. 슈퍼사이클이 150~200년 지속되고, 더욱 짧은 등락이 있다고 이야기했다(이른바 '파동이론'_옮긴이). 관련 주제에 대한 서적이 많이 존재하지만 아마추어 투자자에게는 너무 전문적인 내용일 수 있다.

거대한 경기 순환 속에 시장과 개별 주식 가격이 움직인다. 시간에 맞춰 추세나 패턴을 포착한다면 이익을 잡을 기회가 있다. 시장 변동에 대한 차트에 주로 의존하는 기술적 분석의 영역이다. 기초 상품의 이름도 알지 못하는 극단적 경우도 있다. 주식, 화폐, 물품 다 상관없다고 하는데 중요한 것은 가격이기 때문이다. 특히 가격은 시장의 심리가 결정하고 인간 행동은 주로 지속적이므로 패턴을 구할 수 있다. 그러므로 이 비법은 시간에 맞춰 패턴을 감지하고 행동을 취하며, 보통 가격 움직임에 대한 차트가 필요하다.

차트는 주식을 평가하는 두 가지 방법 중 한 가지다. 나머지 하나는 근본적 분석으로, 기업과 회계정보, 운영 시장, 그리고 관리의 품질에 대한 분야다(6장 참고).

목적은 주식이나 매수 시점을 선택하는 다른 기준을 강화하는 것이지 단독으로 쓰는 것이 아니다. 다른 차트 종류에도 적용되는 말이다. 기업 주식이 시장 전반과 비교해서 어떻게 가격 움직임을 나타내는지 보면 결정을 돕는 지표를 구할 수 있는 경우도 있다. 상대적으로 강한 등락을 보여주는 주식은 예측 불가능한 종목이므로 더 위험한 투자일 가능성이 있다. 반면 특정 기업이 지지부진한 모습을 보여주고, 시장 전반과 비교해서 주식이 좋은 실적을 보여주지 못했는데 상대적 힘이 개선된다면, 다른 시그널로 촉발된 매수 결정을 강조하게 될 수 있다. 시장 전반보다 개별 주식에 대한 추가 정보를 주는 데 더 좋을 수 있다.

수학자이자 성공한 주식 및 물품 트레이더였던 윌리엄 갠은 다른 버전을 만들었다. 지지 및 저항, 그리고 가격변동 속도에 집중했는데 수학 지식이 별로 없으면 이해하기 불가능하다. 게다가 중국 12궁도와 연결돼 있어서 일부 트레이더는 이 발상을 허튼소리로 여기기도 한다.

주가 패턴은 사람들의 행동 방식에 대한 심리적 설명으로 표현할 수 있다. 제법 그럴듯하나 수학적 분석을 사용해서 '랜덤 워크(Random Walk)' 이론을 만든 학자들에게는 아니다. 이론에 따르면, 가격은 예측 불가능하고, 동전 던지기를 차트로 만든다면 비슷한 패턴이 도출될 것이다. 그리고 효율적 시장 가설에 따르면 정보는 빠르고 일관적으로 전달되어 그 누구도 시장을 능가할 수 없다. 그러나 시간이라는 요인을 무시한 것이고 일부 뛰어난 사람들의 존재를 무시한 것이다.

짧은 설명이 더 직설적이다. 랜덤 워크 이론과 효율적 시장 가설을 모든 경우 적용할 수 없다 한들, 차트에 몇몇 문제가 있는 것은 맞다. 일단 전문가가 형태를 해석해줘야 한다. 주로 형태는 책에 나와 있는 것처럼 간단하고 명백해 보이지 않는다. 등락이 언제 전환을 의미하고, 언제 일시적 교정을 의미하는 것일까? 금융 관련 지식으로 지표가 그럴듯한지 검사하고 차트 해석에 대한 많은 경험이 있다고 해도 실수 가능성은 높다. 보통은 패턴에 대한 그릇된 주관적 판단을 하게 된다. 개중 상대적으로 뛰어난 사람도 있다. 잘못된 시그널과 오해하기 쉬운 패턴으로 투자자는 돈을 잃을 수도 있다.

예를 들면, 어떤 투자자는 현재 추세가 계속 이어질 것인지 평가하게 된다. 강세장이라면 주식을 매수하고 혜택을 볼 수 있을 만큼 오랫동안 이어질까? 약세장이라면 언제 다시 좋은 때가 올지 예측할 수 있을까? 장기적 움직임 안의 단기적 등락으로 더 알기 어렵다. 저명한 경제학자인 캐언크로스는 이런 말을 남겼다.

거트루드 스타인의 문체를 쓰자면, 추세는 추세고 추세다.
하지만 질문은, 추세가 구부러질 것인가?
그 경로가 바뀌며,
예측되지 않은 힘으로 인한 것일까?
이르게 끝나게 될 것인가?

두 번째 문제는 차트가 정말 도움을 주고 접근 가능하다면 폭넓게 사용될 것이고, 그러면 다른 투자자들도 패턴 발달에 의존하고 자신을 위한 예측은 아마추어가 참여하기 전에 없어질 수 있다. 끝나기 전에 발전 방향을 포착하려는 시도가 반복되고, 형태를 왜곡하고 혼란으로 이어질 수 있다.

전문가는 투자판단 트리거나 가이던스를 위해 차트에 의존하지 않고 다른 투자의 기준에 부가적인 요소로 같이 사용한다. 타이밍에 대한 추가적인 도움을 받는 것이 관건이다. 타이밍은 개별 기업만이 아니라 산업 및 시장 전반에 적용된다. 이는 매수와 매도를 결정할 때 동일하게 적용된다. 주가 책정이 잘돼 있는지 볼 수 있는 것이 '수익률 갭'이다. 보통주 수익률과 만기 국채 수익의 차이를 의미한다.

차트

차트는 개인 투자자에게 좋은 부가 요소가 된다. 왜냐하면 전문가와 동등함이 생기기 때문이다. 같은 정보에 접근성을 갖고, 데이터 해석 능력이 차이를 만든다. 하지만 자기만의 이론을 가지고 승부수를 고르는 사람들이 존재한다. 차트를 신봉하는 차트주의자들도 존재한다. 시장에서 바른 가격은 누군가 지불할 준비가 된 가격이라는 사실에 집중한다. 그래서 차트는 개인 투자자로 하여금 수요와 공급, 가격과 타이밍에 집중하게 하기 때문에 규범적 역할을 한다.

선

예측에 성공하려면 선의 패턴을 인식할 줄 알아야 한다(그림 10.1 참고). 전반적 추세를 보여주는데, 위, 아래, 혹은 옆으로 향하고 있다. 고점과 저점(또는 막대 팁)에 가격 등락선이 모이는 것으로 포착할 수 있다. 옆으로 향하는 시장에서 가격이 두 개의 가로선 사이에서 움직인다. 현명한 차트 신봉자는 돌파(breakout) 시그널을 기다린다. 가격이 드디어 시장이 어디로 향할지 보여주는 시점이다.

주식이 장기적으로 우호적 노선으로 가고 있는지 걱정하지 말라. 기업 주식 중에서 특히 변동성이 심한 부류가 있다고 해보자. 옆을 향해 움직이는 것 같은데, 두 개의 추세선이 서로 멀리 떨어져 있다. 소문과 어둠, 또는 이익과 흥정으로 인해 가격이 위아래로 움직이지만 명확한 장기적 방향은 보이지 않는다. 똑똑한 투자자는 돈을 벌 수 있는 기회다. 언제 얼마나 가격이 움직이는지 점검하고, 내렸을 때 들어가서 올랐을 때 나오면 된다. 단, 규모가 있는 기업을 대상으로 이렇게 하는 것이 더 안전하다. 그러면 이익도 커지고, 거래량이 어느 정도 커야 거래비용을 상쇄할 수 있을 것이다.

차트 패턴에는 이해를 돕기 위한 명칭이 붙어 있다. 지지선(support area)은 가격이 떨어지지만 특정 가격선에서 계속 반등하는 모습을 보고 알 수 있다. 그리고 반대 방향으로는 저항선(resistance level)이 존재한다. 시장이 설정된 저항선을 뚫고 간다면 차트 신봉자들은 가격이 신규 고점을 찍을 것으로 전망한다. 지지선을 뚫고 내려가는 것도 비슷하게 생각할 수 있다.

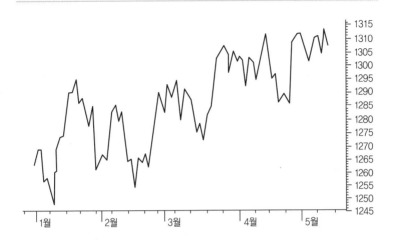

| 그림 10. 1 | 선

쌍고점(double top)의 개념도 존재한다. 쌍둥이 고점이 존재하고, 바로 떨어지는 구간을 의미한다. 그리고 아래 방향으로 쌍바닥(double bottom)의 개념이 존재한다. 머리어깨형(head and shoulder)은 하나의 고점 옆에 두 개의 더 작은 고점이 있는 형태로, 상승 추세가 뒤집혔음을 의미하며 곧 하락할 시그널이다. 역머리어깨형(reversed head and shoulder)은 여기서 위아래가 뒤집힌 형태로, 상승할 것을 알려준다.

깃발(flag)은 한쪽이 내려간 평행사변형으로, 가파른 변화 다음에 옆으로 소폭 내 등락이 존재하는 경우를 뜻한다. 깃발 앞 상승이 이뤄지면 또 상승하는 경우가 일반적이다. 하락 이후에는 하락이 이뤄진다.

삼각형(triangle)은 그 자체로 이해하기 쉽다. 주가가 꾸준히 소폭을 오가는 경우다. 이 패턴을 뚫고 가는 방향이 앞으로 한동안 이동 방향을 보여준다고 한다.

오랜 시간 동안 두 개의 지속적인 한계 사이를 왔다 갔다 한다면 채널 (channel) 안에 있다고 설명한다. 이 채널을 뚫는다면 주가가 새롭게 움직일 방향이 어떻게 될지 알 수 있다고 한다.

단기 이동평균이 20일간 이어졌는데, 장기 이동평균이 50일이고 상승했다고 가정해보자. 교차가 이뤄진 상황이다. 이런 상황을 골든크로스(golden cross)라고 칭한다. 가격이 크게 오를 것을 나타내며, 두 개의 이동평균이 나란히 움직였다면 더욱 그렇다. 시장의 재평가를 의미하기 때문이다. 이때 선이 아래로 교차할 경우 데드크로스(dead cross)라고 부르며, 전망에 먹구름이 껴 있음을 시사한다.

차트를 보는 경험이 풍부하고 상상력이 뛰어난 사람들은 여러 패턴을 감지한다. 미래 가격 방향에 대한 시그널을 제공한다.

바 차트

바 차트는 수직선으로 이뤄져 있고, 상단은 하루 중 거래된 최고가를 의미한다. 하단은 최저가를 의미한다(그림 10.2 및 10.3 참고). 종가는 우측의 짧은 가로 선반의 형태로 알 수 있고, 시초가는 좌측에서 볼 수 있다. 좌측의 시초가가 종가보다 낮다면 수직 막대는 검은색이다(파란색인 경우도 있다). 막대가 붉은색(서구권 증시는 하락을 파란색으로 표시_옮긴이)이라면 증권이 하락한 것이다.

| 그림 10. 2| 바 차트

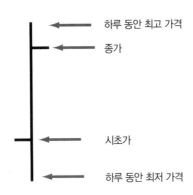

하루 동안 최고 가격

종가

시초가

하루 동안 최저 가격

| 그림 10. 3| 바 차트

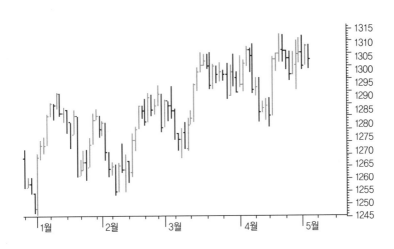

포인트 앤 피겨 차트

포인트 앤 피겨 차트는 그림 10.4에서 10.6을 통해 볼 수 있다. 기록할 가치가 있는 적합한 가격변동을 선택한다. 예를 들면 5p다.

만약 주가가 상승한다면 차트에 'X' 표시가 그려진다. 그만큼 또 상승한다면 'X'를 하나 그 위에 추가한다. 가격의 움직임의 방향이 달라지는 순간까지 계속된다. 그러면 다음 칸으로 이동해서 교차선 아래 'O'를

| 그림 10. 4 | 포인트 앤 피겨 차트

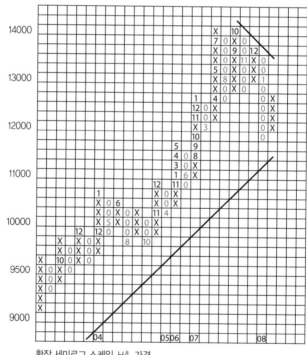

확장 세미로그 스케일, H/L 가격

| 그림 10. 5 | 포인트 앤 피겨 차트

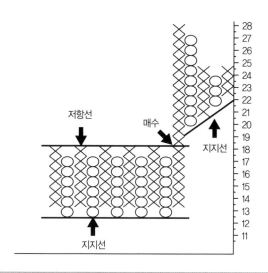

| 그림 10. 6 | 포인트 앤 피겨 차트

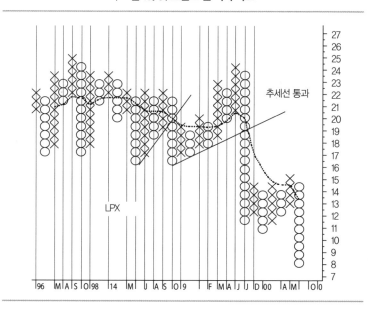

적는다. 또 5p 떨어진다면 그 아래 'O'를 하나 추가하는 방식이다. 뒤집히면 새로운 선이 시작되고, 한 칸 위에 'X'를 적는다. 이 차트는 시간이라는 요소는 무시하지만, 차트를 그리는 사람들은 새로운 스택이 몇 월인지 상단과 바닥에 기재한다. 1월은 1, 2월은 2로 표시한다. 그리고 새로운 해가 시작되면 새로운 스택이 시작된다.

캔들차트

최근 주목받고 있는 또 다른 차트는 캔들차트다. 예전에는 더 직접적으로 막대차트라고 했다. 다우 이론보다 오래됐는데, 수세기 동안 일본의 부유한 트레이더들이 사용해왔다. 하지만 가정하는 바는 동일하다. 가격 변동은 반복적 패턴을 보이고, 예측 가능하다는 것이다. 통화 트레이더를 비롯해서 전문가 중 소수가 집중적으로 살펴보는데, 투자를 토론할 때 무시되는 경향이 크다.

캔들차트는 일간 시가와 종가, 고점과 저점을 나타낸다(그림 10.7부터 10.9 참고). 서구권의 차트가 정기적이거나 중요 패턴에 대한 이름을 붙인 것처럼 여기도 명칭이 있지만, 동양식이다. 흑삼병(three black crow), 적삼병(three advancing soldier), 유성형(shooting start), 샛별형(morning star), 그리고 석별형(evening star), 교수형(hanging man), 망치형(hammer)이라고 한다.

또한 캔들차트는 거래가 어떻게 진행됐는지 보여준다. 예를 들어 캔들 위 심지가 많다면 하루 내내 랠리가 이뤄졌고 오래가지 못하여 트레이더들이 낙심했을 것이다. 반대로, 하단에 심지가 달려 있다면(망치형) 매

| 그림 10. 7 | 캔들 차트

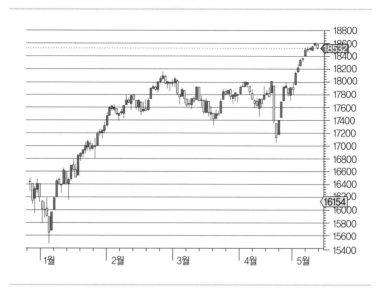

| 그림 10. 8 | 캔들 차트

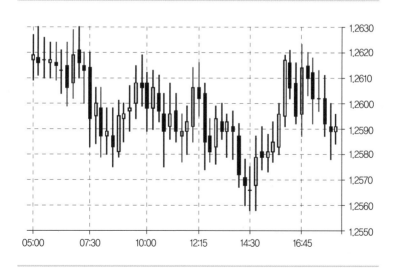

| 그림 10. 9 | 캔들 차트

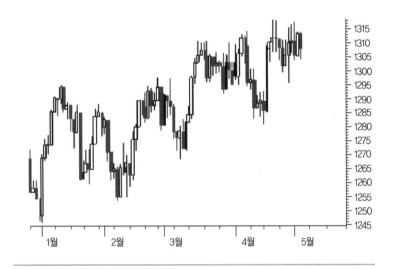

도하는 세력이 시장을 아래로 당기려고 했지만 매수하는 세력이 많아서
상쇄 가능했다는 의미다. 시장이 바닥에서 반등했고, 추가 상승 전망을
나타낸다.

캔들의 심지는 아래에서 위로 향한다. 시가와 종가 사이 캔들이 넓은
경우를 살펴보자. 종가가 시가보다 낮으면 캔들은 검은색이고, 높으면
흰색이다(원래 일본에서는 붉은색).

기술적 도구

차트는 차트 그 자체로만 사용될 필요가 있다. 차트에 대한 많은 추가 정보로 관점이나 설명을 더할 수 있다. 예를 들면, FTSE 100, 올쉐어 또는 기업 분야 등 지수의 움직임을 같이 보면 시장과 함께 움직이는지 볼 수 있다. 만약 아니라면 추가 조사를 할 수 있다. 가격 변동의 속도를 정해진 기간 내에 확인할 수 있다.

차트선을 이동평균으로 전환시키면 일간 등락을 부드럽게 살펴볼 수 있다. 가중평균으로 만들면 더욱 최근의 가격 움직임에 가중치를 둘 수 있고, 지수 가중(exponential weighting)을 쓰면 보다 정교해진다. 이런 도구로 추세나 변화를 감지하는 데 도움이 된다.

만약 차트 주석을 제공하는 웹사이트를 찾을 수 있다면 어떤 일이 벌어지고 이유는 무엇인지 볼 수 있다. 가장 흔히 볼 수 있는 주석에는 기업 이사진 주식거래, 기업에 대한 신문 또는 증권중개인의 해설 등이 존재한다.

지수의 상대적인 강세로 주가를 과거와 비교할 수 있다. 가격이 상승한 일자의 평균 가격을 계산하는데, 가격이 하락한 일자의 평균가격으로 나눈다. 지수는 0에서 100 사이다.

모멘텀

최근의 가격 변동은 시장의 심리를 표현한다. 몇몇 연구에 의해 정당화된 가정에 따르면, 방향을 설정한 요인이 무엇이든 최소한 조금 더 지속될 것이다. 항상 좋은 투자정책은 아니다. 시장은 엄청나게 변덕스럽고, 계속 적극적 거래를 해야 하기 때문이다. 이익은 비용과 세금을 내고 나면 줄어들 수 있다.

관심이 있다면 스토캐스틱(stochastic)을 사용할 수 있다. 여러 기간에 걸친 최신 종가의 위치를 고점/저점에 상대적으로 보여준다. 패스트 스토캐스틱은 마지막 세 가지 값의 평균이고, 슬로우 스토캐스틱은 명시된 기간을 갖는다(용어설명 참고).

동향 지표

기술적 분석에는 차트만 있는 것이 아니다. 다른 지표들도 추가적이거나 대안적인 역할을 해서 시장의 움직임을 보여주고, 거래 시점에 대한 팁을 준다. 일부는 시장의 일반적 동향을 나타낸다. 당연히 일반적으로 알려지면 신뢰 가능한 시그널을 줄 수 없다는 것이 문제다.

예를 들면, 스몰랏 지표(small-lot indicator)는 주식거래가 적은 경우로, 미국에서는 좋은 경고 역할을 할 수 있다. 소규모 투자자는 거의 틀렸다는 가정에 근거한다. 고점에서 사들이고, 저점에서 팔기에 좋은 역지표가 된다. 이를 통해 아마추어만이 유행하는 경제적 관점에 휩쓸리는 것은 아니라는 사실이 명확해졌다. 국가 전반적으로 약세가 보이면 올라간다는 징후고, 강세가 만연하면 팔아야 한다는 징후가 된 것이다. 심지어 일부 기업은 투자 어드바이저 중 강세 혹은 약세를 나타내는 수를 표로 만들기도 한다. 만장일치가 곧 나타날 것으로 보이면 반대 방향으로 가야 한다고 보는 것이다.

다른 말로 하자면, 소규모 매수자가 늘어나기 시작하면 팔 때가 된 것이고 반대의 경우도 같다. 이런 말이 돌면서 많은 사람들이 이론을 실천하기 시작했으며 자가당착에 이르는 예측으로 자리 잡고 혼란에 묻힌 것으로 보인다.

펀드 지표 흐름을 보면 증권의 수요를 알 수 있고, 사람들이 어디 현금을 두는지 볼 수 있다. 가끔 기업에 대한 감을 주식 거래량으로 살펴볼 수 있는데, 차트가 전체 규모가 늘었는지 줄었는지 아니면 그대로인지 보여줄 수 있다면 더 그렇다. 가격과 규모의 움직임을 조합하면 전반적 태도를 잘 알아볼 수 있다.

- 주식 가격과 거래량이 둘 다 올라가고 있다면 주식에 대한 시장이 상승할 것이라는 지표
- 가격은 상승하나 거래량은 하락한다면 걱정되는 추세. 가격 상승

의 동력이 바닥나고 있으며, 상승 움직임이 느려지고 멈출 것이고, 방향은 거꾸로 바뀌고 가격이 곧 하락하기 시작할 것

- 가격이 하락하고 거래량은 상승한다면 투자자가 점점 더 출구 전략을 취하고 있다는 뜻이고, 가격 하락세가 더 강해지고 빨라질 것
- 가격과 거래량이 모두 하락한다면 투자자들이 매도에 대한 생각을 다시 해보는 중. 하락 압력이 완화되고, 곧 바닥이 생성되고 다시 반등할 것

기타 지표

시장의 움직임을 예측하기 위한 시스템이 여러 가지 있다. 운이 따라야 하고 예측 불가능한 요인으로 뒤덮인 활동이기 때문에 미신도 많다. 낚시나 연기 활동과 다를 것이 없다. 사람들은 미심쩍더라도 보이는 대로 상관관계를 포착하려고 한다.

한 가지 이론에 따르면 날씨가 좋으면 사람들이 보통 긍정적인 태도를 갖게 되고, 주가에도 반영된다고 한다. 또 다른 이론에 따르면 시장 지표는 치맛단에 따라서 달라진다고 한다. 옛말에 따르면 '5월에 팔고 세인트 레저에 돌아와야 한다.' 모두 여름에는 떠나고 여름이 마무리되면 경마가 열릴 때 돌아온다는 말이다. 거래량이 없으니 무기력하고 랜덤하다는 뜻이다. 사실 조사해보면 당시에도 정당한 말은 아니고, 그 이후 신뢰도가 낮아지고 있다.

마지막으로, 팁이나 소문을 듣고 매수하는 일을 주의하라. 설령 진실이라도 내가 최초로 소식을 들은 사람은 아닐 가능성이 높다. 그리고 정

당하지 않은 소문이나 사기일 가능성이 굉장히 높다. 주식을 팔기 위해서 가격을 움직이려는 것이다. 정말 진실이고, 내부자의 정보일 경우, 행동에 나선다면 내부자 거래로 감옥에 들어갈 수도 있다.

한 가지 관점에 따르면 주식 선택은 장기적이다. 그러므로 증권시장의 유행이 바뀔 때마다 반응하는 것은 의미가 거의 없다. 장기적으로 보고 매수한 것이므로 들고 있자. 전반적으로 유용한 가이드를 줄 수 있는 현명해 보이는 접근법이지만, 현실과는 동떨어져 있다. 예를 들면, 원래 결정에 근거한 가정이 맞지 않는 경우도 있다. 기업 자체나 경기, 포트폴리오가 바뀌었을 수도 있고, 개인의 니즈도 변했을 가능성이 있다. 그래서 결정한 바를 이따금 검토해야 한다.

'최악의 주식을 일찍 팔아라'는 어리석은 말도 있다. 그러나 최악의 주식을 알아보는 방법이 쉬웠다면 책을 읽을 필요도 없을 것이다. 주식이 떨어지고 올라갔다고 방향성이 유지될 것이라는 뜻은 아니다. 주가 차트만 봐도 알 수 있다. 옛날 시장에서 활동한 사람들 일부는 떨어지는 주식이 회복될 것이라 믿으며 사서는 안 된다고 주장한다. '시장이 무언가 말해주려 하는 것'이라 주장한다.

하지만 만약 주식이 23p에서 12.40파운드로 18개월 동안 올라가고, 그 후 6개월간 다시 60p로 떨어진다면 시장이 과연 언제 제대로 된 모습을 보여준 것일까?

명확한 답은 없다는 뜻이다. 간단한 설명을 할 수 있다고 주장한다면 바보이거나 거짓말쟁이다. 쉽다면 이미 오래 전부터 다들 해왔을 것이다.

정교한 수학적 모형 이론을 보면 어떻게 해야 하는지 알려주는 경우가 있다. 컴퓨터 프로그램도 있다. 하지만 논리적인 근거로 정당화가 가능한 경우가 없다. 혹자는 주식이 8% 떨어지고 나면 팔아야 한다고 한다. 또 다른 누군가는 최고 가격에서 7% 떨어지면 팔라고 주장한다.

·3·

매도

'차익을 실현하는 것은 절대 틀리지 않다'라는 말은 옛날부터 존재했던 주식시장의 격언 중 하나다. 주가가 더 올라갈 수도 있지만 이익은 안전하다. 한 가지 대안은 보유량 일부를 매도해서 원금을 회수하고 이익을 조금 더 보는 것이다. 그리고 나머지 보유량은 더 상승할 수도 있으니 두는 것이다. 또 다른 중요한 말이 있다. '나머지를 위해 이익을 조금 남겨 두라.' 아주 안심되는 말이다. 주식이 계속 올라갈 때 팔면서 느끼는 불편한 감정을 완화시킬 수 있다. 바닥에서 사고 맨 위 고점에서 파는 가능성이 얼마나 될지 생각해보자.

전문가 조언 대부분은 어쩐지 이익을 지키는 것에 집중하고 있다. 그 누구도 못 쓸 주식을 사지는 않는다고 가정한다. 무리가 움직일 때 언제 따라가야 하는지에 대한 조언은 덜 유용하다.

하락장에서 개인투자자는 두 가지 편으로 나뉜다. 한편은 누가 봐도 아닌 주식을 붙들고 언젠가는 회복할 것이라고 희망한다. 나머지 한편은 심각한 하락세가 보이면 공황 상태에 휩싸여서 도망친다. 가격이 하락세를 보이면 계속 떨어질 것이라 판단하는 것이다. 두 편 다 아마 틀렸다.

개인투자자는 주로 장기적인 기간을 두고 진행한다. 그래서 사는 쪽은 주식 매수 전 주의 깊게 사전 조사를 많이 해야 한다. 당연히, 만약 기준을 계속 충족하면(좋은 경영, 타당한 마진, 혁신, 좋은 재무 통제 등) 잡고 배당금을 받는 것이 괜찮을 수 있다. 투자자는 계속 할 일이 있다. 해당 기업이 충분히 뛰어난지, 계속 지원해야 할지 봐야 한다. 아니라면 팔자.

이익을 현금으로 바꾸거나 실패로 인한 출혈 증가를 막기 위해서 많은 노력이 들어간다. 시장 전반이 여전히 건강하다는 가정에 근거한다. 문제는 시장이 언제 약해지고 악화될 가능성이 높을지 포착하는 것이고, 시장의 전환인지 일시적 문제인지 알아차리는 것이다.

강세장이 갑자기 흔들리는 시기도 존재한다. 무역 분쟁이나 겉으로 봐서는 상관없는 사건 등 외부적 요인 탓일 수 있다. 1987년 영국 남부를 휩쓸었던 허리케인이 왜 가격 폭락으로 이어진 것인지에 대해 시장 분석가들은 여전히 혼란스럽다. 전반적으로 동력을 잃어버려서 그럴 수도 있다. 정의할 수 없는 궁금증을 유발하는데, 모두를 들뜨게 했던 열기가 영원히 계속될 것처럼 보였지만 갑작스럽게 사라진다. 그러면 모두 만족스럽지 않다. 심지어 희소식도 가격 상승으로 이어지지 않는 경우도 있고, 나쁜 소식은 충격으로 작용하기도 한다. 이런 시장의 전환 시그널이 있고, 완패하기 전에 팔아야 한다는 뜻이다.

주식은 약세장 중간에 파는 것이 더 어렵다. 전문 투자자는 징후가 나쁠 경우 출구를 찾는 것에 거리낌이 없다. 많은 기관은 컴퓨터 프로그램을 갖춰 프로그램 기준에 따라 자동으로 매도를 시작한다. 그래서 뉴욕 증권거래소에서는 가끔 주식 하락 가속 또는 심지어 시장 전반 하락 가속을 등록한다고 한다. 컴퓨터 일시 거래 장치가 자동화돼 있다. 그러나 민간 투자자는 매도 속도가 늘 느리다. 무지(주식 실적을 따라가지 않음)로 인한 것도 있고, 신경 써서 고른 주식이라 정이 들어서 그런 것도 있고, 반등할지 모르니 관성적으로 붙들고 있는 경우도 있다.

손절과 주가 회복의 기회를 놓치지 않는 것 사이에서 판단을 해야 한다. 신중한 출구를 제안하는 경고 시그널도 존재한다. 예를 들면, 보유 주식의 기업에 대한 상충하는 지표 및 소문이 존재할 수 있다. 또 다른 좋은 방법은 스스로 질문하는 것이다. 주식이 내렸는지, 이익 지표가 설득력이 있어서 해당 주식을 붙들어야 하는지 스스로 질문하라. 아니라면, 파는 것이 좋을 수 있다. 시장이 틀렸고 다시 반등할 것이라 믿는다고 해도 매도가 영리한 결정일 수 있다. 가격이 계속 떨어지고 기업이 코너를 돌았다는 지표가 보인다면, 언제든 재진입도 가능하다.

11장

주주가
되면
생기는 일

**How the stock
market
works**

주주는 기업의 진짜 소유자이므로 많은 권리를 갖는다. 이론적으로는 이사회와 감사인을 임명한다. 실질적으로는 이사들이 둘 다 하고, 주주들은 그들을 대신해서 진행된 일에 주로 관심을 갖지 않고 동의한다. 심지어 대규모 기관 보유자들도 법과 회계 원칙을 잘 아는 투자자이면서도 권한 행사에 느슨하고, 기업에 대해 목소리를 내거나 조치를 취하는 것보다 주식을 파는 경우가 흔하게 나타나기도 한다. 하지만 상황이 변하면서 일부 기관은 영향력을 행사하고, 이사회는 연간총회에서 껄끄러운 질문을 묵살하거나 임금 인상을 하기 어려워졌다. 하지만 여전히 개인투자자는 이사회에 질문을 던지는 것을 부적절하게 시간을 끄는 행위처럼 생각하는 경우가 너무 많다.

주주는 소유자이므로 폭넓은 정보를 받고 기업의 성공에 참여할 권리가 있다.

정보

소유자가 가져야 할 정보에는 정기적인 재무적 사실이 포함된다. 매년 기업은 재무 상태에 대한 정보를 내야 한다(법에 나와 있는 문구는 보다 복잡하지만, 규칙은 이 정도에 해당한다). 그리고 모든 주주명부에 등록된 주주에게 송부해야 한다(연간 보고서와 회계정보에 있는 유용한 정보, 그리고 추출 방법에 대해서는 7장 참고). 또한 주주는 기업에 영향을 주는 중요 사건에 대해 통지받아야 한다. 주요 인수, 처리, 기업 분할, 재편성에 대한 상세한 내용이 포함된다.

상의

기업의 미래에 영향을 주는 사안에 대해 주주와 상의하는 것은 법적 의무이다. 신주 발행 그리고 직원 스톡옵션 체계 등 보유량을 희석시킬 수 있는 행동을 비롯한 주요 결정에 대한 투표권이 있다. 만약 기업 보통주의 5% 소집이 가능하거나 100명의 주주의 지지를 받을 수 있다면 연간 총회에 스스로 결정을 소개할 수도 있다.

연간 총회

연간 총회는 법적 의무고, 주주는 사전에 통지를 받아야 한다. 그러나 총회를 편리한 지점에서 열어야 한다는 법적 주장은 없다. 이사진이 못된 마음을 품으면 스토너웨이 펍 위층에서 여는 것도 가능하다. 총회를 여는 일자가 이상하고, 장소가 불편하고, 안내문이 크리스마스 이브에 나왔다면 사업에 뭔가 문제가 있다는 걸 알아차릴 수 있다.

총회에서는 투표로 회계정보 승인을 하게 되고, 질문을 할 수 있고, 다양한 결정에 대한 투표를 진행한다. 감사인과 이사진 재임명도 포함된다. 대부분 주주는 이 특권을 무시한다. 투표 카드를 버리거나 동봉된 대리인 양식을 재송부해서 회장이 전권 위임을 통해 투표를 대신할 수 있게 해준다.

주주의 무관심으로 임원과 이사회 연봉이 적당하지 않은 수준으로 높아졌고, 임원이 아닌 이사들은 의무를 무시하게 되었다. 경영진이 욕심을 내고 기관 투자자들이 신경을 쓰지 않았기에 수십 년이 지나서야 이런 상황을 알아차리게 되었다. 소규모 주주는 권리를 행사해야 하고, 목소리를 내고 질문을 이사회에 던져야 한다. 기관들이 책임에 대해 부끄러움을 느끼게 될 수도 있다.

임시 총회

보통주의 최소 10%를 차지하는 주주는 임시 총회 소집을 요구할 수 있다.

배당금

주주는 기업의 성공과 이익에 참여할 권리가 있다. 일반적으로 주주는 기업의 이익에 참여할 때 배당금의 형식으로 한다. 배당금은 보통 1년에 2회 지급되는데, 법적 권리는 아니다. 왜냐하면 기업이 이익을 사업에 재투자하여 더 빠른 성장을 추진할 수도 있다. 실질적으로 지급을 아예 안 하는 경우는 거의 없다. 회계정보 내 지급 통지 혹은 수표는 보유량과 배당금 비율을 보여준다. 우선주는 일반적으로 배당금을 받을 권리가 있고, 기업이 지급할 여력이 없다면 권리는 연기되는 경우가 보통이다. 자금이 가용해지면 나중에 지급해야 한다.

주식 배당

주식 배당은 기업이 아무 이유 없이 투자자에게 추가 주식을 즉흥적으로 주는 것처럼 보인다. 간혹 현금 배당금 대신 주기도 하고, 배당금을 보충하는 역할을 하기도 한다. 일부 보유 수입이 자본화되고, 장부에서 위치가 바뀌는 것이다. 그래서 자본화 주식(capitalization issue)이라고 불리기도 하고, 보너스 발행(bonus issue)이라고 부르는 경우도 있다. 놀랍게도 일반적인 상식과는 반대로 주가가 동시에 상승하기도 한다. 주주가 팔 때 자본소득세에 있어서 보유 비용을 계산하기 어려울 수 있다.

주주할당 신주발행

추가 자본을 모집하려는 기업은 기존 주주를 먼저 챙기기도 하는데, 여기에는 여러 원인이 존재한다. 첫째, 일단 주주는 기업을 좋아하는 사람이다. 만약 유용한 투자 기회를 통해 성장을 이룰 수 있지만 현금이 필요하다면 주주가 더 우호적인 관점을 가질 가능성이 높다. 둘째, 추가 주식 발행으로 보유량이 희석되지 않게 기존 보유자가 조치를 취할 수 있게 하는 것이 맞다. 셋째, 영국 내 발행주식 대부분을 갖고 있는 기관들은 특정 기업을 포트폴리오에 추가할 때 그들이 정한 비율을 유지하려고 한다. 이 권리를 신주인수권(pre-emption right)이라고 부른다.

기업 입장에서 보면 시간도 오래 걸리고, 비용도 많이 든다. 긴 서류를 만들고 보유자에게 모두 전달해야 하기 때문이다. 기업 입장에서 회계사 비용도 많이 들고, 상업 은행에도 많은 비용을 지급해야 한다. 펀드사에 연락해서 주식을 추가 매수할 생각이 있는지 문의하는 편이 더 저렴하고 빠를지도 모른다.

신주 매수 기회는 기존 보유 주식의 비율로 배정된다. 이미 11주를 보유하고 있다면 새로운 3주를 매수할 권리를 주기도 한다. 또는 기업이 모집하려는 금액과 제안하는 디스카운트에 따라 공식을 통해 정하기도 한다. 발행으로 기존 주식의 가치가 희석되는데, 주식의 수가 많아지고 이익과 배당금이 분배되기 때문이다.

일반적인 주가에 비해서 주주할당 신주발행은 보통 디스카운트로 제공된다. 좋은 거래라는 인식을 사람들이 갖게 하기 위해서다. 만약 주식이 200p였다면 보유량 4주마다 신주 하나씩 제공하고 가격은 150p일 수 있다. 그러면 매 4주마다 8파운드고, 추가 주식을 1.50파운드에 살 수 있다. 투자자들이 정말 매수한다면 9.50파운드 가치를 보유하게 된다(가격 변동이 없다는 전제 하에). 그리고 계속되는 4주는 7.60파운드가 된다(9.50파운드의 4/5). 하지만 이 계산에 따르면 권리(right)는 40p라서 원래의 8파운드로 되돌아간다. 여기서 하나의 부작용은 받는 돈이 과세 대상일 수 있다. 그리고 시장 가격이 소식에 따라 반응한다.

주주할당 신주발행에 따라 주주는 새로운 주식 발행에 대한 돈을 지불 가능하다. 증권시장에서 가치를 갖는 주금미납 인수권(nil-paid rights)을 팔 수 있다. 또는 충분한 주금미납 인수권을 팔아 포트폴리오 가치를 유지하기로 타협할 수 있고 이때 신주 매수를 위해 수익을 쓴다. 이때 가격(nil-paid price)은 할인된 주주할당 신주 가격과 권리락(ex-rights) 가격의 차이다.

대리인 계좌

대부분은 대리인 계좌에 주식을 보유한다. SIPP 및 ISA를 위해서는 그래야 한다. 여러 장소에 저장되며, 서류 속임수를 방지하거나 거래 과정을 빠르게 만들어 편리하게 한다. 증권중개인이 투자자를 위해 계좌를 갖고 있을 수 있다. 그러면 투자자는 매도를 위해 주식 인증서를 기다리지 않아도 된다. 그리고 문서를 보관하고 찾지 않아도 된다. 일부 중개인은 행정업무를 줄이기 위해 서비스 수수료를 청구하지 않는다. 일부는 고정 수수료 또는 주식 가치에 따른 수수료를 청구한다. 거래당 청구하는 경우도 있고, 일부 대규모 회사에서는 나름의 시스템을 정해 둔다.

규제 대상 시장

기업의 일부를 보유하고 권리를 가지면서 투자자는 사기를 당하지 않을 권리도 갖고 있다. 주로 규제당국이 감시한다. 영국 중개인이나 딜러를 대상으로 하는 규칙이 있는데, 시티의 사무소든 인터넷 거래든 상관없다. 그런데 인터넷을 규제하는 사람은 없고 어쩔 수 없이 미심쩍은 사람도 있다. 다양한 사기꾼이나 다단계 꾼들이 존재한다. 가짜 웹 사이트를 실제 투자 회사 운영 웹 사이트처럼 보이게 만들어놓고, 순진한 사람들을 낚아 돈을 얻어가려고 한다. 그리고 인터넷에는 많은 소문이 존재하는데, 가격 등락을 위해 설정된 경우가 많다. 소문의 주동자가 이익을 내기 위한 목적이다(사기 및 가짜뉴스에 대해서는 7장 참고). 책임감 있는 국가 당국은 이런 사람들을 뒤쫓고 있지만 인터넷은 방대해서 감시하기 어렵다.

런던 증권거래소는 시장을 규제한다. 거래소 컴퓨터 프로그램은 이상한 패턴을 감지하려 하고, 공식 공지 전에 뜻밖의 움직임이 있다면(예를 들면 입찰 공개 직전 가파른 상승) 거래소 당국은 조사에 들어간다. 그러나 의심스러운 상황이 있어도 뜻밖의 내용을 찾지 못하는 경우가 많다. 내부자 거래 기소는 드물고, 유죄 선고는 더 드물다.

허가받지 않고 규제 대상도 아닌 기업들은 모니터링 구조 밖에서 법적으로 운영한다. 하지만 아마추어 투자자들은 이런 곳과 거래하지 않는 것이 현명하다. 보호 및 보상 시스템이 없기 때문이다.

그렇지만 무책임하거나 어리석은 투자와 싸우기 위해서 타인에게 의존하는 것은 실수다. 조금만 기초적인 신경을 쓰면 많은 실수를 방지하고, 권리를 나중에 주장하는 노력을 절감할 수 있다. 예를 들면, 허가된 기업만 활용해서 나를 대리할 수 있게 해야 한다. 규제당국 등록처에서 쉽게 확인 가능하다. 어떤 거래든 시작하기 전 비용과 수수료를 확인하라. 첫 번째 규칙은 일단 내가 이해하지 못하는 것이 있으면 명확해질 때까지 설명을 요청해라. 나중에 답을 몰라 바보가 되는 것보다는 질문을 해서 바보처럼 보이는 것이 훨씬 낫다.

행동 강령

대부분 주주의 무관심으로 인해서 기업 이사회가 합당한 통제의 선을 넘었다. 사태를 해결하기 위해서 시티에서는 일련의 행동 강령을 만들어 우수 프랙티스에 대한 가이드를 이사진에게 제공했다. 햄펠 보고서(캐드버리 및 그린버리 보고서 이후)는 증권거래소가 지지하며 다음 제안 사항을 포함한다.

- 이사회 의장직의 수행과 최고 책임자 업무는 분리돼야 한다
- 이사진은 3년마다 재선에 나가야 한다
- 이사진은 2년이 넘는 용역 계약을 해서는 안 된다
- 이사회 1/3은 회사로부터 독립적인 비 임원으로 구성돼야 한다
- 주주는 연간 총회에 대해서 최소 20일 전 안내받아야 한다
- 새롭게 자본을 모집할 때 기존 주주에게 우선 구입권을 주어야 한다
- 연간 주주총회에서 답하지 않은 질문은 나중에 곧 서면으로 답변을 받아야 한다

일이 잘못된다면?

모든 규칙, 강령, 가이드라인, 표준을 갖춰도 일이 잘못될 수 있다. 증권시장과 부속적인 존재는 사람이 운영하는 것이다. 부주의, 무식, 부실, 실수 및 사기로부터 100% 면역돼 있을 수는 없다. 일을 그르치면 불만을 표시할 수 있고, 보상 메커니즘도 존재한다.

주식시장에는 다양한 사기 종류가 존재한다. 대부분은 너무 사기라는 것이 빤히 보이기 때문에 속아 넘어가는 사람들이 있다는 것이 신기할 정도다. 오랫동안 존재한 나이지리아 사기, MS 사칭 인도 전화, 투자나 비트코인 혹은 금융상품 판매 전화 등이 여기 포함된다(7장 참고).

만약 일이 잘못되면 투자자는 적합하지 않은 조언을 받았거나 잘못

된 대우를 받은 것이다. 아니면 지시사항을 따르지 않은 것이다. 그럴 때는 일단 첫 번째로 관련 기업과 처리해야 한다. 중개인 및 어드바이저들도 컴플라이언스 직원을 두고 있다. 규칙을 준수하게 하고, 아니면 조치를 취하는 역할이다. 그래도 실패한다면, 다음 할 일은 금융 옴부즈만 서비스(Financial Ombudsman Service) 그리고 규제당국에 문의하는 것이다. 공정하지 못한 대우가 있었다고 판단할 경우 법적으로 일을 바로잡을 수 있다. 연간 200만 건에 달하는 컴플레인이 접수된다고 하는데, 투자, 은행계좌, 신용카드, 연금 등 다양한 건이 들어온다고 한다.

그러므로 안전한 투자를 위해서는 인정받고 허가받은 기업과 거래하는 것이 중요하다.

FCA는 등록된 5만 8,000곳의 기업을 감독하고 있으며, 허가받은 기업의 목록을 온라인으로 볼 수 있다. 그러나 완전무결한 것은 아니다. 2019년 우드포드 신탁 사건에서 볼 수 있듯이 100% 안전을 보장하는 것은 아니다. 반면 이 목록에서도 볼 수 없다면 안전하지 않다는 것이 거의 확실하다.

마지막으로, 변호사들 중 불만을 품은 투자자를 위해 소송을 진행하고 자기 몫을 챙기려는 사람이 여럿 있다. 홍보에도 많은 돈을 들이고, 지불 보호 보험을 잘못 샀다고 주장하는 고객을 찾기 위해 애쓴다.

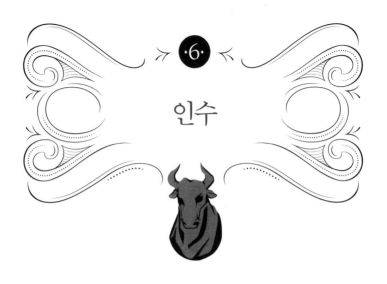

·6·

인수

기업 인수는 보통 감사한 상황이다. 기업에 대해 입찰이 있다면, 입찰 이전 주가보다 훨씬 높은 경우가 대부분이라 주주는 혜택을 본다. 한편, NAV 등 타당한 가치평가에서 봤을 때 가격이 훨씬 아래였기 때문에 인수를 원하는 사람이 나타난 것이다. 그래서 기업을 사고 자산을 팔면 이익을 얻을 수도 있다. 그런 경우, 저항을 통해 더 나은 가격을 받을 수도 있다.

가끔 타깃이 되는 기업이 제안을 완강히 거부하기도 한다. 일부 반대 이유는 '적대적 인수(hostile takeover)'다. 보통 입찰을 환영하지 않고 잠재적 매수자들이 기업 전망을 평가절하하며 기회주의적이라고 주장한다. 그리고 기회만 있다면 기업은 그들 스스로 더 좋은 실적을 낼 수 있다고 주장한다. 개인투자자는 이런 반대가 독립을 위한 것인지, 이사진의 실직을 막기 위해서인지, 더 가격을 올리기 위한 수법인지, 아니면 주주가 기존 방식으로 더 좋은 실적을 낼 것이라고 진심으로 생각하는 것인지 알기 어렵다. 그렇지만 이사진은 주주의 최선의 이해관계를 위해 행동할 법적 의무가 있다.

만약 입찰자가 인수 대가로 전체, 혹은 부분적으로 입찰자의 주식을 제안한다면 상황은 더 복잡해진다. 다른 고려사항이 많이 있는데, 주식을 원하는 것인지, 구매자의 보통주 가치평가가 공정하거나 현실적인지, 그리고 매각으로 인해 자본이득세에 대한 의무가 생기는지 고려해야 한다.

기업의 인수과정은 인수합병 위원회(Panel on Takeovers and Mergers)가 모니터링한다. 위원회는 법적 권한을 가지고 있지는 않지만 시티의 지지로 유지되고 있다. 그래서 위원회 결정을 무시하는 사람은 배척받게 되고, 금융계에 참여할 수 없기 때문에 사업을 하는 것이 불가능해진다. 비법정 패널이기에 빠르게 행동을 취할 수 있다는 장점도 있다. 게다가 행동을 취하는 방식이 마음에 들지 않으면 참여 구성원에 이야기할 수 있다. 시티 코드를 따르지 않아서 지적하는 것이 아니라 그 정신을 무시하는 것에 대해서 지적해왔다. 추가로, 잘못된 부분이 발견되면 코드를 바꾸기 위한 즉각적 조치를 취할 수 있다.

패널은 100만 파운드가 넘는 제안 문서 및 관련 서류에 있어서 0.2% 내지 11%를 청구한다. 또한 1만 파운드가 넘는 주식거래에 1파운드 기업 감독비용을 청구한다. 증권중개인이 패널을 위해서 받아온다.

많이 알려진 인수가 있다면, 같은 분야의 기업 주식을 보유하는 것이 좋을 수 있다. 부동산업자, 소매업자, 컴퓨터 조립, 양조장, 혹은 어떤 분야를 샀다고 해도 시장에서는 인수 활동이 경쟁자들에게도 영향을 미칠 것이라 가정한다. 그러면 주가가 오른다. 따라하는 흐름이 실제로 진행되는 경우는 흔치 않고, 타깃 가격이 높아지면 더 그렇기 때문에 이 시점이 좋은 매도 타이밍일 수 있다.

파산

주식투자는 위험하고 누구도 이 사실을 피할 수 없다. 그 이유 중 하나는 증권시장이 주택금융조합이나 은행 예금 계좌에 돈을 넣어두는 것보다 평균적으로 수익이 높기 때문이다. 이 위험을 상쇄하기 위해 투자자들에게 보상을 주는 셈이다. 하지만 '평균'이라는 단어에 주목해야 한다. 주식 중에도 더 위험한 주식이 있다. 수백 곳의 기업 주식을 매수하지 못하는 투자자는 혼합된 형식으로 주식시장에 참여하게 된다. 일부는 성공한다. 운이 좋다면 큰 성공을 이루고, 일부는 그저 그런 실적을 내고, 완전히 망하는 경우도 흔치 않지만 있다.

망하기 전에 시그널이 오는 경우가 가끔 있다. 주식이 가파르고 지속적인 하락세를 보이고, 기업의 안내 문서를 보면 이익 경고, 구조조정 전망, 자회사 매각, 리파이낸싱, 제휴 모색, 신규 임원 임명 및 정책 전망

등이 뒤섞여 있다. 이는 보통 주식거래 중단으로 이어지는데, 곧잘 주주를 돕기 위한 것이라고 설명된다. 순전한 헛소리다. 어떤 가격에도 주식을 팔 수 없어서 투자금을 조금도 회수하지 못하는 주주에게는 완전한 악재다. 충분한 정보 없이 거래하는 것을 두려워하고, 기업에서 우르르 나오는 사람들로 압도되는 것을 받아들이지 못하는 주식시장 트레이더들에게는 이러한 거래 중단 조치가 도움이 된다.

기업이 거래 중단에서 다시 복구하는 경우는 드물다. 거래 중단에 다른 사유도 있다. 예를 들면 큰 인수 건의 마지막 단계일 수도 있다. 하지만 그런 것은 무해하고 전체 시장의 혼돈을 막기 위한 것으로, 거래의 세부사항에 대해 알려진 것이 충분히 많지 않아 공정한 가격을 정하기 어렵다. 하지만 기업이 돈이 없어 중단하게 되면 돌아갈 길이 거의 없는 셈이다.

주식 거래가 중단되면 고작 몇 펜스의 가치를 갖게 되는 경우가 대부분이다. 하지만 망했다는 것을 다 알 수 있는 건 아니다. 눈치 빠른 주주가 포착할 수 있는 다가오는 악재에 대한 숨겨진 징후가 있는가? 많은 사람들은 징후에 대한 내용을 작성하려 했다. 60년대 영국의 최상위 청산인이었던 빌 매키가 그랬다. 그의 경고 시그널에 대한 내용을 보면 본사가 화려하고 최고 경영진의 낭비가 있다고 하는데, 이제는 옛날 이야기처럼 들린다. 하지만 기초하는 원칙은 여전히 맞다. 열대어 수조가 깃대가 아니더라도, 다른 명료한 시그널이 있다. 조직이 효율보다 겉모습에 치중하는 시그널이다.

투자자는 기업과 경영 방식을 모니터링해야 한다. 이익 마진은 좋은 사인이므로 예전만큼 높은지, 유사 기업과 최소 비슷한 정도인지, 그리고 기업이 니즈와 목적을 위한 충분한 현금을 창출하고 있는지 확인해야 한다. 외부 자금이 대출 및 신주 발행 등으로 모집된다면 현재 문제를 해소하기 위한 것이 아닌 확장 목적이어야 한다. 늦거나 날조된 회계 정보, 감사인의 자격 정보 부재, 회계정보 윈도드레싱 의심 등 극단적으로 복잡한 금융 거래는 걱정의 유발 요인이다.

소규모 기업의 경우 이런 이야기는 대부분 적용되지 않는다. 자료가 거의 없고 관리자를 보고 판단해야 한다. 소규모 기업의 경우 이익이 평장할 수도 있지만 무너지는 것도 갑작스럽다.

주식거래가 중단되면 일반적으로 기업 경영진, 은행가, 부도 분야 회계사들의 논의가 시작된다는 사인이다. 채권자가 돈을 회수하기 위해 기업 구조의 일부를 팔지 않을 때 기업이 자발적으로 문제를 처리할 수도 있다. 법정에서는 운영책임자(administrator)를 임명할 수 있고, 거래를 지속하고 채권자를 미룰 수 있다.

또 다른 경로는 담보권자(secured creditor)가 갖는데, 보통 은행이다. 기업의 평계를 더 이상 참지 않고, 대출이 상환 불가능해질 수 있는 것을 걱정한다. 은행의 자금을 회수할 만큼 충분히 기업이 지속될 수 있게 하는 관재인(receiver)을 임명한다. 세금 관련 당국은 이 경로의 자금 지급에 활동적인 역할을 해왔다. 가끔 이사진은 임명에 대해서 묻는데, 부채 디폴트가 다가오거나 과다거래의 위험에 처해 있기 때문이다. 기업이 파산하면 계속 사업을 하는 것이 범죄가 될 수 있다. 전문 회계사를 임명하고, 잠시 기업을 운영해서 자금을 발라내거나 부채 상환을 위해 자산을 매각하게 한다. 이론적으로 운영책임자는 나오고 기업은 원래 사업으로 돌아가야 한다. 실제로 이런 일은 드물다. 왜냐하면 관재인은 돈을 빌린 담보인 자산을 매각하거나 거래를 충분히 진행해서 대출을 상환할 현금을 창출한다. 그러면 남는 게 없고, 기업은 청산인에게 넘어간다.

이름만으로 알 수 있지만 청산인은 팔 만한 것을 모두 현금처럼 유동적인 존재로 만든다. 급매의 경우 자산의 장부가치를 그대로 받는 경우는 드물다.

이 모든 절차에서 채권자 간 위계가 존재한다. 보통주 보유자는 맨 끝에 있다. 정부는 맨 위에서 세금을 받고, 그 다음으로 담보대출기관(secured lender)이 재산 및 직원에 대한 클레임을 갖고, 그리고 은행은 다른 보증이 있다. 그 다음으로 채권 보유자, 우선주 보유자가 있다. 이 모든 사람들이 가져갈 것을 가져가면 보통주 보유자에게 남은 분량이 있는 경우는 흔치 않다.

위로가 되는 점은 실제 망하는 상장기업은 거의 없다. 투자했다가 그런 일이 발생한다면 다른 긍정적인 희망을 찾아야 한다. 정말 수익성이 있는 투자에 현금을 넣고, 망한 기업에서 발생한 손실을 상쇄할 수 있다.

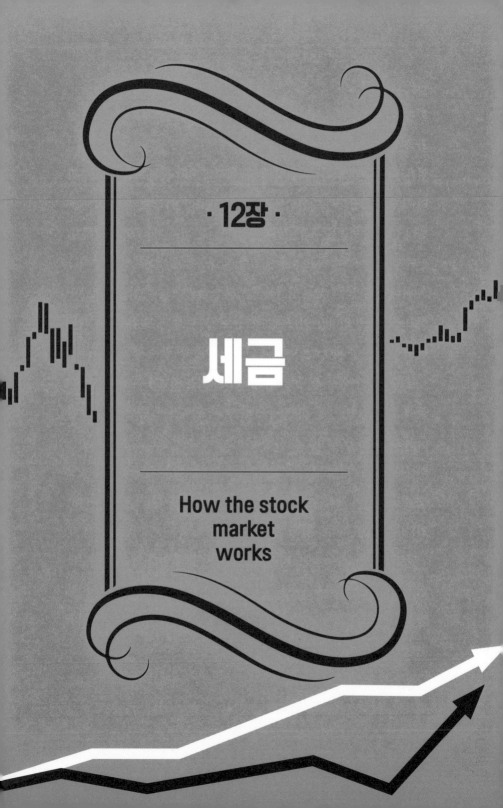

· 12장 ·

세금

How the stock
market
works

과세대상인 소득을 가지고 투자를 했는데, 정부는 이미 세금을 부과해 놓고서 배당금과 자본이득에서 일부를 또 가져간다. 짜증이 날 수 있다. 그래도 세금을 낸다는 건 이익을 봤다는 뜻이니까 좋게 생각하자.

세금은 항상 복잡하고, 어떻게 가장 잘 대응할 수 있는지 방대한 매뉴얼이 마련돼 있다. HM Revenue & Customs(영국 국세청 HMRC_옮긴이)이라면 낙담할 일이다. 이 주제는 기술적이고 점점 더 복잡해진다. 세금에 대한 변수를 제대로 이해하고 다룰 줄 아는 사람은 굉장한 돈을 벌수 있다. 이 장에서 다루는 내용은 권위가 있는 조언이 아니고, 겉핥기로 살펴보는 내용일 뿐이다. 이 주제는 계속 변하기 때문에 일반적인 내용을 다룬다.

정부는 세금 인센티브로 사람들이 특정 투자 상품에 몰리도록 유도해왔다. 이것이 국가나 국민에게 좋은 일이라고 생각하기 때문이다. 추가로 제공되는 혜택을 활용하지 않는 것은 어리석다. 하지만 순전히 세금 우대 때문에 투자하는 것도 어리석다. 전문가들이 자기 몫을 가져가고 나서도 거래할 가치가 있는지 주의 깊게 점검해야 한다. 대안을 여럿 살펴보고 가장 좋은 선택지로 가라. 개인의 기준으로 판단하되, 세금 우대 없이도 투자가 합당한 경우만 선택하라.

정부는 우리에게서 돈을 잘 가져간다. 주식투자에는 인지세가 붙고, 대부분 투자로 인한 혜택에 세금이 붙는다. 소득과 가치 상승 모두 마찬가지다. 특별배당주(11장 참고) 및 무상증자와 배당금은 소득이 되고, 소득세 과세대상이다. 대부분 기업은 세금을 제하고 배당금을 지급한다.

HMRC는 세금에 대한 유용한 책자를 발행한다. 그중에는 자본이득세(CGT)에 대한 책자도 있고, 이는 세무서에서 찾아볼 수 있다.

배당금

주식에 대한 배당금은 주로 세금을 제하고 지급되며, 지급 통지와 함께 오는 바우처에는 세액공제에 대한 상세내용이 포함돼 있다. 보통 소득세를 내지 않는 사람은 이미 배당금에 대해 낸 세금을 환급 신청하지 못한다. 기본 세율을 적용받는 사람은 소득에 대한 추가 세금을 낼 필요가 없다. 그러나 더 높은 세율을 적용받는 사람은 전체의 32.5%를 내야 하는데, 서류에 상세히 나와 있는 크레딧과 상쇄되는 내용이다. 무슨 뜻이냐면, 높은 세율을 적용받는 납세자는 실질적으로 기업이 지급하는 전체 배당금의 최고 세율을 적용받는다. 이렇게 복잡하게 일처리를 하기 때문에, 순 배당금의 약 25%가 높은 세율을 적용받는 사람들에게는 세금으로 나간다.

예를 들어 설명하겠다. Qulip & Heep Intercontinental이라는 기

업은 15p의 배당금을 지급하고, 어떤 사람이 400주를 보유하고 있다고 가정하자. 이 사람은 60파운드 수표를 받을 것이다. 세액공제가 10%이므로 총 배당금의 90%인데, 66.66파운드(60/90×100)가 될 것이다. 그 결과로 수표와 함께 통지받는 세액공제는 6.66파운드가 된다. 기본 세율 대상자는 딱 맞는다. 하지만 더 높은 세율 대상자는 32.5%를 내야 한다. 그래서 66.66×32.5/100을 계산하면 21.66파운드가 나온다. 이미 낸 6.66파운드를 제하면 15파운드가 나온다. 이 15파운드를 HMRC에 보내야 하는 것이다.

배당금 대신 특별배당주(11장 참고)라면, 비슷하게 생각하면 된다. 기본 세율 대상자는 추가 세금을 내지 않는다. 더 높은 세율 대상자는 10%의 세액공제를 받은 것으로 가정한다.

만약 기업이 주식을 다시 사들인다면, 이때 받은 돈은 배당금으로 처리한다. CGT가 아니라 소득세를 적용한다.

자본이익

기본 면세 기준이 넘는 이익을 취하면 주식 매각으로 인한 이익도 과세 대상이다. 대부분 소규모 투자자에게는 적지 않은 금액이다. 자본 이득세는 상당히 큰 규모의 거래를 하는 사람들, 또는 한 가지 증권에서 운 좋은 성과를 거둔 사람들의 고민거리가 된다. 다른 말로 하면, 이익이 많아서 CGT(자본이득세)를 내야 하는 것이라면 재무부에서 그중 일부를 거둔다고 해도 크게 힘들지 않을 것이다. 주택금융조합이나 보험회사가 주식회사로 전환하면서 갑작스레 받게 된 주식은 비용이 들지 않은 것으로 본다. 매각으로 얻게 된 것은 자본이익으로 간주하는데, 세금이 적용되지 않는 SIPP나 ISA에 넣어 둔 경우는 제외다.

테이퍼드 형식의 세금 경감 조치가 있는데, 오래 주식을 보유하면 세금의 의무가 줄어든다. 만약 1998년 4월 이전 사들인 주식이라면, 세금을 낼 수 있게 되기 전 인플레이션을 고려하여 가격 상승을 조정할 수 있다. 매수 및 매도 거래비용도 전체 이득에 대해 공제되며, 부분적으로 지불된 주식에 대한 기준 역시 존재한다. 그리고 배우자끼리 선물로 주고받는 것은 면세라서 혜택을 최대한 높일 수 있게 포트폴리오를 조정할 수 있다.

비상장 주식은 분명하고 공개된 거래가격이 없어서 어렵다. 이런 거래를 위해서는 인근 HMRC 사무실과 씨름하는 수밖에 없다.

같은 과세 연도에 주식을 팔아서 손실을 본 경우, 이익에 대해서 상쇄 가능하다. 만약 기업이 망하면, 주식도 해당 일자에 아무것도 받지 않고 팔린 것으로 고려한다. 그러면 구매가에서 자본 손실을 계산하고, 이득에 대해서 상쇄시킬 수 있다.

이런 내용을 통해서 매수 및 매도 결정에 도움을 받을 수 있다. 순전히 세금을 염두에 두고 결정하면 보통 실수한다. 뛰어난 회계사를 찾아서 비교적 저렴한 비용에 자문을 받을 수 있다.

·3·

직원 주식 제도

고용주로부터 주식을 받는 것은 임금으로 간주되고, 소득세 과세대상이다. 만약 직원(이사 포함)이 시장가격에서 디스카운트를 받아 주식을 사들인다면, 디스카운트에 해당하는 세금을 내야 한다.

승인을 받은 이익 공유 제도에서 기업은 면세 주식을 근로자에게 분배할 수 있다. 하지만 상세한 사안에 대한 규칙이 여럿 존재한다. 재무부 요구사항을 모두 충족하는 스톡옵션 제도는 이점이 거의 없다.

·4·
저축 관련
세제 혜택

ISA 개인종합자산관리계좌

정부는 세금 인센티브로 사람들이 소득을 많이 저축하게 하려고 하는데, 그 일환이 개인종합자산관리계좌다. 매 과세 연도마다 투자 가능한 금액, 주식에 투자하는 금액(AIM 주식 포함), 그리고 현금으로 남겨둘 수 있는 금액이 있는데 예산 당국의 공지에 따라 변할 수 있다. 배당금은 면세 대상이다. 뛰어난 증권중개인은 현재 비율 기준에 대해서 알고 있다.

SIPP 자체투자개인연금

자체투자개인연금으로 당국(Revenue)에서 승인한 목록에서 투자를 선택하고 관리할 수 있다. 그리고 기존 연금 제도에서는 제공자가 투자를 보유하지만, 여기서는 미래 연금을 받을 사람이 자산을 갖는다. 그러므로 세금 관련 엄격한 기준을 통과할 제공자가 있다면 투자 선택과 은퇴 혜택 수령에 있어서 보다 탄력적이다. 개인 연금 제도와 비슷하게 SIPP는 세금 랩(wrapper) 역할을 해서 접근가능성이 제한돼 있는 대신 기여에 대한 세금 환급이 가능하다.

자산 중 비상장 주식, 공인된 거래소에 상장된 주식, 공인된 선물 거래소에서 거래되는 선물과 옵션, 허가받은 영국 유닛 트러스트, OEIC 그리고 다른 UCITS(용어설명 참고), 주거자산에 투자하지 않는 허가 받지 않은 유닛 트러스트, 그리고 FCA 규제 대상인 투자신탁은 세금 비용 대상이 아니다.

SIPP에 대한 기여는 제한이 있는 다른 종류의 개인 연금으로 처리한다. 더 높은 비율이 적용되는 납세자는 택스리턴을 통해 환급을 신청한다. 고용주 기여는 법인 또는 소득세에 대하여 보통 공제 가능하다. 종신 한도(금액은 예산 당국에 따라 변화)를 넘는 은퇴 시점 펀드 가치는 55% 세금을 적용받는다.

SIPP 보유자가 조기 은퇴 연령인 55세에 가까워지면 펀드의 25달러를 면세 일시 금액으로 적용하고 나머지는 드로우다운(투자 지속)형식으로 소득 창출을 하거나, 연금보험(annuity)을 사기 위해 사용한다. 드로우다운 소득은 정부 보험당국이 생각하는 연금보험 창출 소득과 같은 선상에 있어야 한다. 75세가 될 때까지 3년마다 검토하고, 그 후에는 1년에 한 번씩 검토가 이루어진다. 해당 제한은 다른 소스에서 보장된 최소 소득을 제공할 조치가 있다는 사실을 보여줄 수 있는 그리고 더 이상 연금에 기여하지 않는 플랜을 보유한 사람들에게는 적용하지 않는다. 연금 소득은 보유자의 가장 높은 한계비율(marginal rate)에 있어서 소득으로 과세한다.

·5·

리스크 관련
세제 혜택

정부는 하이테크 기업을 육성하고 혁신의 기회를 만들고자 한다. 이를 위한 재정 지원책을 주고자 노력한다. 벤처 투자가를 비롯한 투자 기관은 여기 손대지 않으므로 세금 인센티브는 민간 투자자를 겨냥한다. 해당 인센티브는 민간 투자자가 신생 기업이나 이익은 낮지만 필요한 분야에 투자하는 리스크를 보상하기 위한 의도로서 필요하다. 위험성이 있는 벤처로 성공하면 보상은 높을 수 있지만 실패 가능성도 제법 높다. 세금 혜택이 주어져도 안전한 투자 베이스가 있고 수십만 정도 걸 수 있는 사람들을 위한 분야다.

기업투자제도
위험성이 있는 비상장 기업 중 1,500만 파운드 미만의 자산과 250명

미만의 직원을 가진 기업에 투자하게 하는 방식이다. 투자금에서 30%의 세금 경감 혜택을 주는데, 최소 3년 동안 돈을 묶혀 둘 수 있는지에 달려 있다. 자본이득 및 배당금은 면세고, 자본 손실에 대한 경감조치가 있다.

초기기업투자제도

명칭으로 알 수 있듯이 신생 기업을 위한 시드 자본에 대한 제도다. 2년 미만의 역사를 지닌 25명 미만의 직원이 있고 20만 파운드 미만의 자산을 가진 기업이다. 소득세 경감조치가 투자금의 50%에 적용될 정도로 위험성을 인지하고 있다. EIS처럼 3년 규칙은 적용된다. 자본 손실에 대한 세금 경감이 이뤄진다.

특별 소득세 경감조치

가장 분화가 이뤄진 제도인데, 자선단체나 지역사회에 혜택을 제공하는 기업에 투자한 금액에 해당된다. 자금의 30%가 소득세 면세 대상이다.

벤처캐피탈 신탁

대체한 EIS의 공동 버전이라고 볼 수 있다. 감세 조치는 비슷하지만 투자는 상장된 금융상품으로 들어가므로, 현금이 다양한 사업으로 흐르게 된다. 그러면 리스크는 줄어들고 투자신탁이나 유닛 트러스트와 비슷하게 돈을 여러 종류의 벤처로 분산하게 된다.

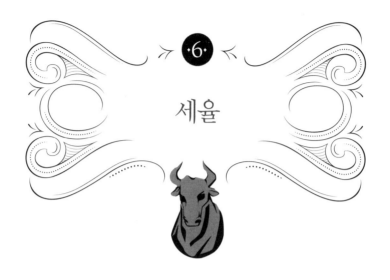

·6·

세율

재무부에서도 몫을 거둬야 하기에 매년 예산 당국은 세율, 면제한도, 인센티브를 조정한다. 최근 작년 인센티브가 갑자기 '공격적 회피 구멍 (vicious avoidance loophole)'이라고 불리게 되면서 논란이 일었고, 인센 티브는 철회해야 했다. 다가오는 선거나 다른 정치적 긴급사태로 인해 대중의 반응이 나타나는 경우도 있다. 그 결과 상세한 내용은 지속적으로 변화한다. 그래서 이 주제에 대해서는 일반적 내용과 정책에 대한 전 반적 설명을 했지만 숫자에 대한 내용은 생략하기로 했다. 세율, 면제한 도, 혜택에 대한 최신 정보를 찾고자 한다면 10대 회계법인 중 하나에 전화 문의를 해보자. 거의 모두 현재 상황에 대한 요약을 담은 무료 책 자가 있을 것이다.

용어
설명

How the stock
market
works

- 강세장, 불 마켓(bull market) – 주가가 상승하는 기간.
- 개발도상 시장(developing market) – 신흥시장이라고도 불리며, 최빈국이 아니라 대규모의 곧 번영하는 흥미로운 증권시장을 가진 국가의 시장. 예를 들면 BRIC 국가(브라질, 러시아, 인도, 중국).
- 개방형 상품(open-ended) – 투자받는 금액과 일맥상통하는 인증서를 발행하는 투자상품으로, 예를 들면 펀드가 있음(유닛 트러스트 및 미국의 뮤추얼 펀드). 2차 시장은 없고, 관리 회사만 거래함.
- 국채(gilt) – 정부가 발행한 국채를 일반적으로 부르는 명칭.
- 국채담보 일일물 금리(SOFR) – LIBOR금리를 달러에 맞춘 방식.
- 근본적 분석(fundamental analysis) – 경영 및 순자산의 가치로 기업과 그 사업을 점검하는 것. 시장의 상황 및 잠재적 미래 배당금을 통해 점검함. 주가 변동만을 검토하는 기술적 분석과 반대.
- 기술적 분석(technical analysis) – 다양한 차트를 해석하여 시장을 그래프로 바라보는 것을 의미하는 용어.
- 기어링(gearing) – 대차대조표상 기업이 빌린 돈과 보통주의 비율.
- 기업공개(IPO) – 미국에서 IPO를 상장의 의미로 사용.
- 나스닥(Nasdaq) – 전미 증권업 협회 주식시세 자동 통보 체계.

뉴욕 전자식 증권시장으로, 선진 기술을 활용하는 기업을 크게 강조.

- 내부자(insider) – 이사 등 기업 정보에 대해 특권적 접근성을 갖는 사람. 해당 지식을 갖고 주식 거래하는 것은 불법.

- 노이즈 트레이더(noise trader) – 잘못된 이유로 거래하는 사람을 의미. 시장의 '노이즈'에 끌려 소문, 유행, 허위 분석으로 거래에 빠져든 경우.

- 대리인 계좌(nominee account) – 개인 주주를 대리하여 기관이나 기업이 보유하는 주식.

- 대체투자시장(Alternative Investment Market) – 런던 증권거래소에서 완전히 상장하기 위한 요구사항을 충족하지 못하는 규모가 작거나 신생 기업을 위한 시장. AIM으로 표기하는 경우가 많음.

- 독립 금융 어드바이저(independent financial adviser) – 금융상품에 대한 치우치지 않은 조언을 제공하는 존재. 생명보험, 유닛 트러스트/펀드, 관리 연금 및 개인 연금, 투자신탁, 그리고 패키지 파생상품을 포함. 하지만 주식과 채권은 포함하지 않을 수 있음('제한된(restricted)' 참고)

- 등록처(registrar) – 주주 등록 소유권을 유지하는 기업.

- 레버리지(leverage) – 기어링의 미국식 표현.

- 롱(long) – 가격 상승을 기대하고 투자를 유지하는 것. 숏(short)
  의 반대말로 쓰임.

- 매도 호가(offer) – 유닛 트러스트의 관리자가 유닛을 대중에게
  파는 가격으로, 다시 사들이는 입찰 가격보다 높음. 두 가격 사이
  의 차이를 스프레드라고 칭함.

- 멤버(member) – 기업의 주주.

- 모멘텀(momentum) – 가격 변동을 가속화하는 것. 혹은 가격 상
  승이 추가 투자자의 증가를 견디는 것.

- 무상 신주(bonus issue) – 특별 배당주(scrip issue)라고도 함. 기
  존 보유자에게 비용 없이 주식을 분배.

- 발행필 주식자본금(issued share capital) – 매도 가능한 수권자본
  과는 반대로 기업이 매도한 주식.

- 배당 배율(dividend cover) – 주식당 순이익이 배당금보다 높은
  건수.

- 배당 수익률(yield) – 현재 주가의 퍼센트(%)로 나타낸 배당금을
  의미함. 120p의 가격을 지닌 주식이 배당금이 12p라면 수익률은
  10%.

- 배당금(dividend) – 기업 소유자가 갖는 이익의 일부. 보통 주식 당 명시됨. 12p 배당금이라면 1,000주를 보유한 사람은 12파운드 를 지급받는 식.

- 배당락(ex-dividend) – 배당금 선언 이후 곧 팔게 된 주식으로, 판매자가 금액을 지급받음(일반적으로 배당락은 배당은 지급하고 주가 가 떨어지는 현상(배당만큼만 주가 하락)을 말한다. – 감수).

- 배당부(cum dividend) – 새롭게 선언된 배당금에 대한 권리와 함 께 주식을 판매하는 것.

- 배당수익률(dividend yield) – 주가의 퍼센트(%)로 나타낸 주식당 배당금.

- 밸류(value) – 보통 주식당 장부가치 아래로 가격이 떨어지면 밸 류 주식이라고 지칭함. 1934년 이래 모두 전문가를 능가할 수 있 다는 인식이 생겼는데, 워런 버핏은 '가격은 지불하는 것이고 가치 는 얻는 것'이라는 말을 남긴 바 있음.

- 베타(beta) – 주식의 변동성을 측정하는 기준.

- 변동성(volatility) – 주가 등락의 규모. 더 많이 움직일수록 리스 크도 큼.

- 보통주(common stock) – 'ordinary share'라고도 하며, 미국에

서는 'common stock'이라고 함.

- 보통주(equitie) - 'ordinary share'를 지칭하는 다른 표현.

- 블루칩(blue chip) - 최고 수준의 기업과 그 주식. 카지노와 포커 게임에서 사용하는 가장 가치가 높은 칩의 이름에서 유래.

- 산성시험(acid test) - 현재 부채를 감당할 수 있는 충분한 유동자산이 있는지 확인하기 위한 기업의 당좌비율 확인 방법.

- 상장(go public) - 주식 상장.

- 소니아(SONIA) - 리보(LIBOR)를 대체할 '스털링 익일물 지수 평균(Sterling Overnight Index Average)' 금리.

- 소매물가지수(RPI) - 정해진 국내 소매 재화 및 서비스 가격을 측정하는 지수. CPI에 비교하여 더 정확하게 생활비나 인플레이션에 대한 맥락을 제시.

- 소비자물가지수(CPI) - 정부가 선정한 재화의 가중 지수로, 인플레이션율을 나타내는 평균 가격의 변화를 측정. 소매물가지수(RPI)의 대체 지수.

- 숏(short) - 거래자가 소유대상이 아닌 주식을 조달하고자 한다는 의미. 가격이 하락할 것을 전망할 때 사용.

- 수권자본(authorized share capital) - 법인 각서 및 정관에 따라

발행할 권한이 부여되어 있는 주식의 수. 전부 발행해야 하는 것은 아니고, 여러 기업은 신주 발행과 직원 인센티브 등을 위해서 일부 남겨둔다('발행필 주식자본금' 참고).

- 순자산가치(net asset value) – 기업의 자산에서 모든 부채와 자본 차입 비용을 뺀 것.

- 스토캐스틱(stochastic oscillator) – 종가를 최근 고점과 저점에 비교하여 금융자산의 가격의 모멘텀을 정의함. 로켓의 비유를 따르는데, 로켓 연료가 떨어지면 모멘텀으로 인해서 계속 높이 가지만 속도가 줄어들며 멈추고, 로켓은 모멘텀이 증가하며 지상으로 향함.

  최근 고점과 저점을 비교하면 모멘텀의 변화를 알 수 있음. 스토캐스틱 값이 20 아래면 자산이 과도하게 팔렸다는 의미로 알려짐. 너무 과격하게 팔려서 흐름이 뒤집힌다는 의미. 그런데 80이 넘었다면 자산이 과도하게 구매된 것으로, 너무 과격하게 구매가 이루어져서 비슷한 반응을 불러일으킬 것임. 50이 중립값으로 사용됨.

  최신 종가에서 이전 14 세션 간의 최저 종가를 빼고, 가장 높은 종가에서 기간 중 최저점을 뺀 값으로 나누고, 100으로 곱함.

사례:

최신 종가 = 349p

지난 14일 최저점 = 330p

최고점 = 350p

그러므로

(349−330)/(350−33) = 19/20이라는 값이 나오고,

이 값을 100으로 곱하면 95가 나오므로 구매가 과도하게 이루어진

경우라는 결과가 도출.

- 스트래들(straddle) - 바이 옵션과 풋 옵션을 동시에 주식에서 취득하고, 행사 가격과 만료일이 동일함. 가격 변동성을 예상하는 옵션 거래에서 사용하는 기법. BEP를 넓히지만 각 방향에 대한 상당한 움직임이 있을 경우 이익을 취할 수 있음.

- 스프레드(spread) - 주식이나 기타 자산의 구매호가와 매도 호가 간의 차이.

- 시가총액(market capitalization) - 증권시장에 상장된 기업의 가치. 주식의 가격을 발행주식의 수로 곱한 값. 만약 특정 기업이 500만 주를 발행했고 각자 가격이 125p라면 시가총액은 625만

파운드.

- 시장보정(market correction) - 주가 하락.

- 신주발행(rights issue) - 기업이 기존 주주가 이미 보유하는 주식에 맞게 우선 구입권을 제시하는 추가 주식을 파는 것

- 신흥시장(emerging market) - 개발도상 시장을 지칭하는 다른 표현.

- 알트만 Z 스코어(Altman Z score) - 기업의 부실 위험을 평가하는 방법.

- 약세장, 베어 마켓(bear marker) - 일반적으로 주가가 하락하는 시기.

- 예외 항목(exceptional item) - 기업의 주된 거래 행위에 포함되지 않는 손실 혹은 이익 내역. 예를 들면 공장 매각.

- 우선주(preferred stock) - 'preference share'의 미국식 표현.

- 워런트(warrant) - 보유자가 고정된 가격에 나중에 발행인으로부터 증권을 사들일 수 있게 하는 인증서. 일부는 증권거래소에 나와 있고, 다른 투자와 비슷하게 만료일 전에 거래 가능함.

- 유닛 트러스트(unit trust) - 주로 펀드라고 지칭하며, 개방형의 투자상품.

- 유동성(liquidity) - 충분한 자금을 통한 시장의 자유도. 개별 주식에 있어서는 매수 및 매도가 얼마나 용이한지 측정하는 기준으로, 얼마나 많은 주식이 거래 가능한지, 얼마나 많은 사람이 거래하는지, 그리고 얼마나 많은 거래가 이루어지는지를 통해 볼 수 있음. 자산 현금화가 얼마나 가능한지 알아보는 측정 기준을 설명할 때도 쓰임.

- 유로 무담보 익일물 금리(€STR) - 유로 무담보 익일물 금리는 2019년 10월부터 유럽중앙은행이 발표해온 금리다. 유로존 은행의 무담보 익일물 금리를 나타낸다.

- 유보금(reserve) - 기업의 분배되지 않은 이익에 자산 재평가를 통한 잉여금, 자본잉여금을 더한 것. 주주 펀드의 일부지만 사업에 사용됨.

- 입찰가(bid) - 유닛 트러스트의 관리자가 투자자로부터 유닛을 다시 사들이는 가격. 유닛 판매 당시 제안 가격과 비교함. 인수 시 제안단계에서 이 용어를 대략적으로 사용하기도 함.

- 자본이익률(return on capital) - 거래 이익(예외 항목, 이자 및 세금 적용 이전)을 기간 동안 적용된 평균 자본으로 나누고(주주 펀드에 빌린 돈을 더한 것), 100으로 곱하여 기업이 장기 자금을 사용하는

효율성을 측정.

- 자본화 발행(capitalization issue) – 특별 배당주(scrip issue) 참고.
- 자산(asset) – 대차대조표에서 기업이 보유하거나 빚진 내역. 순
  자산은 자본과 보유고를 합한 값 혹은 총 자산에서 유동부채를
  뺀 값으로, 장기 채권자를 제함.
- 재평가(re-rating) – 증권시장이 희소식, 분석가 보고서, 신제품
  공약 등을 통해서 의견을 바꾸어 다시 평가하게 되는 것.
- 전환 상품(convertible) – 미리 정해진 가격에 보통주로 전환할 수
  있는 증권. 보통 정해진 날짜에 전환.
- 제한된(restricted) – 금융 어드바이저가 좁은 폭의 투자를 다루
  며, 고객에게 제품 혹은 제공자에 따른 제한에 대해 설명해야 하
  는 경우.
- 주식 상장(flotation) – 증권시장에 기업이 들어가서 공개적으로
  주식을 거래하는 것.
- 주식예탁증서(depository receipt) – 본국을 떠나지 않은 외국 기
  업의 공공으로 거래되는 증권을 나타내는 양도 가능한 증서. 주식
  보유 외국인에 대한 제한을 돌아가기도 함.
- 주주 자금(shareholder's fund) – 기업의 자산에서 부채를 제외한

것. 주주가 기업을 소유하므로 결국에는 남은 것은 주주에게 감.

- 중개인(broker) – '증권중개인' 참고.

- 증권중개인(stockbroker) – 투자자 대리인 역할을 하는 증권 전문 거래자.

- 지지, 지지선(support) – 차트 상 가격 하락이 멈추거나 반등하는 지점. 구매자가 다시 돌아오기 때문에 생김.

- 짧은 반등(dead-cat bounce) – 하락하는 주식시장의 짧은 단기 회복. 다소 엽기적인 비유인데, 죽은 고양이라도 높은 곳에서 떨어뜨리면 살짝 튀어 오르지만 다시 살아나지는 않는다는 의미.

- 차입 증명서(debenture) – 회사채의 한 종류.

- 채권(bond) – 차용자가 발행하는 부채를 인정하는 차용 증서. 보통 정해진 이자율이 있고 거래 가능함(예: 국채, 차입 증명서).

- 청산, 정리(liquidation) – 부실기업의 자산을 채권자에게 파는 것.

- 콜 옵션(call option) – 합의한 기간 내 정해진 가격에 주식을 매수할 권리.

- 쿠폰(coupon) – 채권의 이자율. 과거 쿠폰을 여럿 붙여서 이자를 받으러 보냈던 행동에서 유래.

- 탈중개화(disintermediation) – 중개인을 제외함.

- 투자수익률(return on investment) – 수익률(yield) 참고.

- 트래커(tracker) – 지수를 따라 주식에 투자하는 패키지.

- 특별 배당주(scrip issue) – 기존 보유자들에게 공짜로 주식을 발행하고, 사내 유보금을 보통주로 전환하는 회계 방법.

- 파생상품(derivative) – 기저에 있는 지수, 통화, 금융 혹은 기타 자산에 근거한 값을 가진 금융상품. 일정 단계에서 직접투자에서 사라짐.

- 파운드 비용 평균법(pound cost averaging) – 구간마다 동일한 금액(파운드)을 증권에 투자하여 보유량을 축적하는 방식. 가격이 하락하면 더 많은 주식을 받고, 주식당 평균 비용이 절감됨.

- 헤지펀드(hedge fund) – 손실에 대한 보호를 위한 '헤징'과는 관계없는 표현. 투자 사업 중 규제가 가볍게 이루어지는 것으로, 무척 부유하고 복잡하며 주로 기어링이 높은 공동 펀드를 사용해서 이익을 낼 만한 모든 것에 투자함. 리스크가 높거나 유동성이 높은 자산 혹은 파생상품을 포함.

- 헤징(hedging) – 잠재적 책임으로부터의 보호.

- 환경, 사회, 지배구조(ESG) – 기업 행동에 대한 윤리적 가이드라인.

- 20의 규칙(rule of 20) – 시장의 흥망을 판단하는 방법. P/E 비율에 인플레이션율을 더한 값이 20이어야 한다는 규칙.

- CREST – 런던 증권거래소에서 사용하는 전자 주식 등록 및 이전 시스템. 종이로 된 인증서를 불필요하게 만드는 시스템.

- FTSE 100 – 런던 증권시장 지수에서 나열하는 100대 기업. 시가총액이 가장 큰 100대 기업으로, 구성 기업은 계속 변함.

- FTSE 올쉐어(All-Share) – FTSE 100, FTSE 250, 그리고 FTSE Small Cap 지수를 취합한 내역. 하지만 시장의 모든 주식을 포함하는 것은 아님.

- ISA – 세금이 붙지 않는 배당금을 창출하는 투자 가능한 현금 계좌.

- LIBOR – London Inter-Bank Offered Rate의 약자로, 런던에서 우량은행들이 서로 자금을 빌려줄 때 적용하는 금리. 일부 은행이 이익을 위해 활용하자 쓸모가 없어짐.

- MSCI 세계지수(MSCI world index) – 모건스탠리캐피탈인터내셔널로 알려졌던 MSCI가 관리하는 전 세계 여러 증권시장에서 거래되는 주식 지수.

- Numis – 1987년 초에 출범한 지수로, 1955년 백 테스트가 이루

어짐. 소기업 지수(Numis Smaller Companies Index)의 경우 영국 주요 보통주 시장 가치상 하위 10%를 포함. NSC 플러스 AIM은 사이즈 제한을 충족하는 AIM 증권을 포함. NSCI XIC는 투자상품을 제외. NSC 1000은 XIC 기준으로 영국 시장의 하위 2%를 포함. Mid Cap은 주요 시장 가치를 기준으로 하위 20%를 포함하며 최하위 5%는 제외함.

- P/E 비율(price/earnings ratio) - 이익에 대한 주식의 현재 가격.
- SOWA - LIBOR를 대체하는 스털링 일일물 지수 평균.
- UCITS - 유럽연합의 공동 투자 운영기준. 해당 펀드는 폭넓은 금융상품(파생상품 포함)에 투자 가능하며, 모든 회원국에서 같은 규제 적용 대상. 실제로 다수의 유럽연합 회원국은 추가 규칙을 적용해서 국내 자산 관리자를 보호한 바 있음.

주식은 어떻게 움직이는가

초판 1쇄 인쇄 2021년 10월 1일
초판 1쇄 발행 2021년 10월 8일

지은이 마이클 버켓
옮긴이 김영주
감 수 김성환
펴낸이 신경렬

편집장 유승현
책임편집 최혜빈
기획편집부 최장욱 김정주
마케팅 장현기 홍보 박수진
디자인 엔드디자인
경영기획 김정숙 김태희
제작 유수경

펴낸곳 ㈜더난콘텐츠그룹
출판등록 2011년 6월 2일 제2011-000158호
주소 04043 서울시 마포구 양화로12길 16, 7층(서교동, 더난빌딩)
전화 (02)325-2525 | 팩스 (02)325-9007
이메일 book@thenanbiz.com | 홈페이지 www.thenanbiz.com

ISBN 979-89-8405-417-2 03320